교회건축의 이해

신학으로 건축하다

교회건축의 이해

신학으로 건축하다

이정구 지음

한국학술정보㈜

지은이의 말

여행 중에 오래된 사찰을 둘러보듯이 유럽을 여행하는 사람들도 유구한 세월 동안 지역의 역사와 고락을 같이 해온 성당들을 지나치지 않는다. 고색창연한 교회는 박물관 혹은 한 시대의 유물과 같다. 중세의 성당은 오늘날까지 제단화와 성화 그리고 성상이 전시되는 미술관이며, 이는 과거 문맹자들과 민중의 학교이기도 했다. 또한 성가대의 찬트와 파이프오르간이 연주되는 음악당이고, 감사성찬례(mass)가 진행되는 성스러운 극장이기도 하다.

중세 성당은 하나님이 거하시는 집이었다. 이 집은 신자들이 비바람을 피해 한곳에 동시에 모여 하나님의 말씀을 듣고 공동으로 예배하며 찬양하는 곳이다. 서로 모여 친교하고 사사로이 기도하며, 감사와 회개, 성령의 임재를 체험하고 세상을 섬길 채비를 하는 집이기도 하다. 이 집은 어느 한순간에 지상에 세워진 것은 아니다. 이 집은 신앙 때문에 박해를 받아 저항하고, 황제의 도움으로 어용이 되어 권력을 누리던 집이다. 가난의 편에 서면서 한편으로는 부를 누리고, 전쟁을 유발하거나 피신하며 정의와 불의의 틈새에서 살아남은 하나님의 도성이며 그 백성들의 살아 있는 유산이다.

하나님의 집은 세상의 불의와 사탄으로부터 보호받아야 할 견고한 성곽 같아야 했다. 선택된 자들만이 들어갈 수 있는 특권의 피난처이어야 했고, 동시에 죄인들이 모여 기도와 참회를 하는 집이어야 했다. 하나님의 영광을 위하여 세운 이 집은 이 모든 보편적 내용을 담아내야 할 그릇으로서의 공간과 이를 포장하는 외피와 양식을 구축하는 데 장구한 시간과 천문학적인 경비, 그리고 익명의 장인들과 노동자들의 땀과 피를 요구했다. 이 집은 우주의 축이며 중심이었고 모든 신앙인들의 구심점이었다. 장인들은 기독교의 성상을 제작했고 교리의 변화에 따라 그 성상은 우상이 되어 파괴되었다. 그러나 신학을 건축물의 문과 통로, 벽과 창, 지붕에 입힘으로써 교회건물은 성상이 되었고 이 성상은 파괴할 수 없는 우상이 되었다.

이 책은 여행자들을 위한 교회건축물 해설서는 아니다. 건축가들이 교회를 건축할 때 참고할 교회건축물의 각 부분에 관한 신학적 지침서이며, 목회자들이 교회건축에 관한 상징적인 신학의 의미를 이해한 후 건축가와 신자들에게 설명해 줄 건축신학서이다. 이 책은 건축학도와 신학도들이 교회건축 세미나 텍스트로 사용해도 좋을 것이다. 그리고 신축하거나 개축하는 한국 교회건축에 도움이 되었으면 하는 바람이다. 이 책은 신학과 무관하게 대형화되고 있는 한국의 현대 교회건축물에 대한 신학적 반성문이기도 하다.

불경기에 선뜻 출판을 수용해준 한국학술정보(주) 대표이사님과 김영권 이사님, 그리고 편집진에게 고마운 인사를 드린다.

2012년 부활 절기에

항동골에서

이정구

서문

　　모든 종교는 인류가 지혜를 모아온 것이며, 종파와 교단과 교파마다 저마다의 신앙체계와 교리를 갖추고 신도들이 모여 예배할 처소를 마련한다. 많은 교회건물들 틈바구니에서 주변 교회건물과의 차별성을 강조한 나머지 주변 환경과의 조화를 무시한 채 천문학적인 건축비를 들인 대형교회들이 축조되고 있다. 지나치게 키치적이며 과시적인 대형 종교건축물들은 시각적 측면에서 영성을 고양시키기보다는 상업적이며 제국주의적인 양식으로 축조되고 있다. 공간도 공연장처럼 설치함으로써 시민들이 종교 자체를 혐오할 수 있는 시설물로 변질돼 가고 있다. 현대의 대형교회는 유럽의 중세기로 되돌려 놓은 듯하다. 이러한 유사모방을 움베르토 에코는 "포스트모던인가, 새로운 중세인가"라고 꼬집고 있다.

　　종교건축이란 저마다 그 신앙공동체가 한곳에 모여 자신들이 섬기는 신을 경배하려고 마련하는 처소이다. 따라서 교회는 우선 전례와 예배가 집행되고 신앙공동체가 공동으로 혹은 개별로 영성을 체험할 수 있도록 건축의 장소와 양식, 재료, 규모가 고려되어야 한다. 예배공간에서의 자연의 빛을 이용한 공간 분위기 창출과 성가구 배치가 조화를 이루어야 예배공동체의 영성을 고양할 수 있다. 따라서 사용목적과 기능에 따라 공간분절을 적절하게 하여야 한다. 주변 환경과 개인의 신앙양태, 심리상태에 따라 각각 선호하는 공간의 분위기와 그 크기가 다르시만 교회가이 모든 욕망들을 충족시킬 수 있는 공간을 마련할 수 없기 때문이다. 그러나 신앙공동체의 특정한 목적만을 수행하기 위한 기능 중심의 설계만을 하기보다는 주변의 자연환경을 포함한 장소성과 역사성, 그리고 그 사회 안에서의 다양한 공공성을실천할 수 있는 교회가 되도록 설계하여야 한다. 그래야만 사회 안에서 종교건축물로서의 소명과 가치가 있는 것이다. 이를 위해서 신앙공동체와 목회자, 신학자와환경전문가, 그리고 건축가들이 함께 논의하는 다층의 논의과정을 통한 설계가 필요하다.

── 예배공간

1.

예전이 진행되는 개신교회 건축물의 내부공간 구성과 성가구에 관한 그 의미를 설명하고 비평함으로써목회자와 신자들이 예전을 잘 이해하도록 도울 수 있다. 교회의 일정공간에 위치하는 성가구에 대한 최소한의 도상학적 해석과 함께, 교회의 외적·내적 환경과 조화를 이루며 교단신학에 적절한 예배를 구축하기 위한 비판을 해본다. 기독교인들에게 어떠한 성가구가 교회건축 및 그 공간에 조화로울 수 있는 것인지를 선별할 수 있는 안목을 고양하는 데 도움을 주기 위함도 있다. 예배공간 안에서 성가구를 다양하게 배치해봄으로써 그 배치에 따라 다양한 공간 체험과 예배 분위기를 경험할 수 있다.

예배는 그리스도를 기억하는 것으로 시작하여 그를 기념하는 것으로 끝을 맺는다. 그러나 일상이 곧 예배임을 기억(anamnesis)하며 예배의 실천을 통해 정지된 기억과 기념이 프로렙시스(prolepsis)로 고양되도록 연출하여야 한다. 그러나 색다른 예배에 관심을 집중하게 함으로써 신앙공동체의 다양한 목회적 요구를 회피하려는 수단으로 예배가 이용되어서는 안 된다. 교회건물 자체가 매체이며 말씀의 선포이듯이 예배도 그 자체로서 메시지이며 선포이다.

문

2.

어느 종교건축물이든 사람들은 가장 먼저 접하는 문을 통해 그 종교에 대한 선입견을 갖게 된다. 각 종교는 전통적으로 저마다의 독특한 문의 형태를 구축해 왔다. 교회 문은 성과 속의 구획이면서, 소통할 수 있는 성과 속의 '사이'이며, 문지방처럼 외부이자 동시에 내부이다. 문은 본 건물과 독립된 그 자체로서 팀파눔과 같은 메시지를 전할 수 있는 매체이며, 형태와 재료, 색깔과 크기에 따라 본당과 무관한 독립된 매체이기도 하다.

현대 교회의 문의 개념은 서양 중세 교회의 문 개념을 극복해야 한다. 천국으로 들어가는 '좁은 문'이라는 개념, 새 신자들을 환영하는 '큰 문'이라는 개념, 교회 내부공간에 설치된 '영광의 문, 승리의 문'이라는 개념을 담보하면서 동시에 이것을 극복하는 복음에 대한 '응답의 문'이어야 한다. 그것은 한마디로 '측은지심의 문'을 의미한다. 시민들의 시선을 자연스럽게 모으고 누구나 편히 들어와 영적 호기심으로 내부를 들여다보고 싶은 그런 문, 자신의 혼탁한 영혼을 정화하며 영적 욕망을 충족해줄 것 같은 문, 이 문을 나서면 측은지심으로 세상을 섬기고 사랑해야 할 욕망에 사로잡힐 수 있는 그런 측은지심의 문이면 좋을 것이다.

3. 통로

교회 경내에서 본당 제단에까지 이르는 동선(動線), 통로에 대한 신학적 의미를 밝혀봄으로써 그동안 교회 공동체가 무심했던 통로에 대한 의미를 인식하도록 도우며, 교회를 개축하거나 신축할 때 전례적 측면에서 통로의 중요성을 살펴보는 것은 흥미롭다. 건축가 지오 폰티(Gio Ponti)는 종교건축이란 건축의 문제가 아니라 신앙의 문제라고 지적했는데 교회를 건축하면서 건축가, 목회자, 신자 모두 건축에서의 다른 구성요소들에 비해 통로에 관하여 신앙적으로, 신학적으로 별 관심을 갖지 않았다. 그러나 교회건축에서의 통로는 일반 상업건축에서의 통로의 기능성을 넘어 그 상징성과 신학적 의미가 다르고 깊다. 교회는 그 자체가 성사(sacrament)이며 통로(path)이다.

교회공간에서의 통로는 하나님 집으로의 초대의 길이며, 순례자의 길이며 구원의 길이다. 또 변화중생의 길이며, 평화의 길이며, 영성의 길이며, 세상을 향한 결단의 길이라는 다중적 의미가 있다. 교회건축에서 통로의 의미는 기능적인 통로만이 아니라 교회 자체가 하나님과 세상, 세상과 사람, 사람과 사람 사이의 소통의 통로이기 때문이다. 교회 경내에 들어서는 순간부터 예배 후 경내를 나서는 그 순간까지 그 동선은 비록 같은 공간, 같은 통로일 수 있지만 통행하는 순간마다 그 통로에 대한 의미와 느낌은 다른 것이다.

벽과 창

4.

어느 종교보다도 '빛의 종교'라고 할 수 있을 만큼 기독교는 빛을 예배공간에 수용하면서 이것에 관한 신학적 성찰을 해왔다. 교회는 건축술과 재료의 발달에 힘입어 빛을 최대한 활용할 수 있는 예배공간을 조성하려는 노력을 한다. 초대교회 건축에서부터 빛과 색은 성서와 그리스 사상을 토대로 하여 하나님과 그분의 현현을 상징했다. 건축술과 재료, 그리고 빛에 관한 신학이 조우하고, 미적으로는 조화와 균형이라는 개념으로 건축에서 꽃을 피운 것이 중세 유럽의 고딕 양식이다. 특히 중세 가톨릭 신학의 시각적 표현이라고 할 수 있는 유럽의 고딕 양식에서 빛의 신학은 모자이크와 색 유리창을 통해 그 꽃을 피운다. 고딕 양식과 색 유리창은 유명론자(nominalist)들이 보편논쟁을 정리하고 르네상스를 맞이할 때까지 성하다가 19세기 낭만주의와 전례 복고운동에 힘입어 고딕 복고운동과 함께 되살아난다. 현대 개신교회는 가톨릭이나 성공회와 같은 전례적인 교회에 비해 교회에서 색을 적극 활용하지는 않지만 건축에서는 빛을 활용하는 예배공간을 조성해 오고 있다. 가톨릭의 화체설과 이미지에 대한 경배를 배척하는 개신교회에서는 색 유리창에 새기는 이미지 형상은 논란의 대상이 되기도 한다.

최근 한국의 개신교회는 가톨릭교회가 전통적으로 사용하고 있는 다양한 도상들과 색에 대한 상징적 의미를 개신교 신학과 교회력에 따라 예배에 재조명하면서 조심스럽게 수용하기 시작하였다. '나쁜 예술(bad art)이 나쁜 신학(bad theology)으로 가는 길'이라고 한 베링언(Daniel Berringan S. J.)의 말처럼 자칫하면 사용하지 않는 편이 예배학적으로, 미적으로 더 나은 경우가 있다. 빛과 색에 관한 개신교의 신학 정립과 또 이것을 어떻게 현대적이며 한국적인 감성으로 공간에 구축하여 좋은 영성공간을 창출할 것인지는 단지 건축가만의 몫이 아니라 예배학자와 목회자들 공동의 몫이다. 교회 창에 빛을 여과하여 그 원색을 순화시키는 한국 전통의 다양한 재질과 색의 창호지를 사용함으로써 한국인의 영성에 적합한 예배공간 분위기를 창출할 수 있을 것이다. 개신교회 예배에 적절한 빛을 활용한 공간 분절과 한국의 전통적인 오방색에 대한 신학적 해석을 통해 교회가 이를 활용할 수 있어야 한다. 인간이 세상의 빛이며 소금이듯이 교회 자체가 세상의 빛이며 색인 것이다.

── 천장과 지붕

5.

지역마다 지붕은 저마다 민속적인 상징의 의미를 지니고 있다. 한국의 기와지붕 처마 선은 하늘을 상징하는 표현방식이었으며, 평민들의 집인 둥근 초가지붕도 하늘 세계를 상징하는 것이었다. 초기 기독교의 우주관은 신비주의와 신플라톤주의의 영향을 받아 발전하였는데 신성의 초월적인 것에 관심을 두면서 교회건축물의 지붕은 그 건축양식마다 신학적 의미를 지녀왔다. 이러한 사상과 신앙에 뿌리를 둔 동방교회는 그리스도의 몸(Corpus Christi)을 상징했다. 돔은 천상의 위계를 반영하는 우주였으며 천상의 궁륭이었다. 서양의 중세 고딕 양식의 출현은 건축술의 발달과 재료의 개발로 인한 공학적 원인과 함께, 11세기 초 생 드니(St. Denis) 수도원장이었던 슈제(Suger)가 척박한 중세

사회에서 존엄하고 성스러우며 영원한 '하나님'의 도성을 세상에 보여 주기 위한 개인적인 신학적 취향에 의한 것이기도 했다. 이 양식은 스콜라주의의 보편논쟁과 그 연역적 방법론과 깊은 연계성을 맺기 시작했다. 특히 첨두형 천장은 천상의 궁륭이라는 기본 개념에 천국을 조금 더 가까이하려는 열망과 영원성에 대한 갈망을 한층 부가한 것이라고 할 수 있다.

현대 한국의 개신교회는 별다른 신학적 반성 없이 긴 기간을 가톨릭의 전례와 밀접한 관련이 있는 고딕 양식을 원형으로 하여 교회건축을 해왔는데, 이것은 러스킨이 '교회는 곧 고딕'이라고 했던 서구 가톨릭교회의 전통적이며 상징적인 의미에 기초한 것이었다고 할 수 있다. 한국 개신교는 루터가 시편 51편 강해에서 말했던 '십자가 중심'의 신학과 교회의 정체성을 드러내기 위해 지붕 위에 높은 첨탑을 구축해 왔다. 자유로운 현대식 교회건축물의 지붕 형태는 자유로운 건축형태만큼 다양하다. 그런 가운데 국내 유수의 건축가들이 교회건축에 지속적으로 토착화를 시도하고 있는 것은 고무적이다. 이러한 과정을 거쳐 한국의 전통 건축언어와 토착화 신학이 함께 조우하여 현대적으로 표현되는 한국의 교회건축을 기대해 본다.

공간위계

6.

예배 기능뿐만 아니라 다양한 목회적 직능을 효과적으로 수행하기 위해 구축한 평면구성과 의도적인 공간배치의 위계성에 대한 신학적 분석을 해본다. 교회 공간을 크게 대예배실(main chapel), 소예배실, 당회장실, 사무실, 주차공간, 식당공간으로 구분하고, 고층 교회건물인 경우 어떤 이유로 어디에 각각의 공간을 배치하였는지에 대한 글이다. 교회의 선교 신학과 정책에 따라 다소 차이는 있겠지만, 교회건물이 예배와 기도, 친교의 공간들이 집합된 선교의 공간으로서 그 기능을 하기 위해서는 먼저 공간의 위계를 설정한다. 누구나 정서적으로 편하고 자유롭게 출입할 수 있는 공공성을 가진 낮춤의 공간으로 구축해야 한다. 그러나 현대 한국교회의 공간 위계는 대체로 목회자의 과시와 교회의 양적 성장을 위한 것이 기준이 되고 있다.

죽은 자의 공간

7.

가톨릭교회는 일정한 여건이 구비되면 교회건물의 한 부분에 '납골당(納骨堂)'을 설치하는 것에 비해 개신교회는 교회건물 안에 납골당과 같은 공간은 마련하지 않는다. 이것은 초기 중세 가톨릭신학의 전통을 계승하고 있는 전례적인 교회와 개신교회의 '죽은 자'를 대하는 신학적 차이에서 기인한 것이라고 할 수 있다. 개신교회는 죽은 후 '몸의 부활'이라는 문자적인 신앙에 의해 시신을 화장하지 않기 때문에 교회건물과 그 경내에 납골당을 설치하지 않았다.

이제는 교회가 교회 경내와 건물 안에 죽은 자를 위한 공간을 마련할 수 있는 대안을 스스로 찾아야 한다. 한국의 좁은 국토에서 묘지 마련으로 인한 다양한 문제가 발생하면서 국가는 수목장을 비롯한 다양한 친환경 장례문화를 장려하기에 이르렀다. 교회 시설물의 사회적 공공성을 고려할 때 교회가 지역주민을 위한 '죽은 자를 위한 공간'을 마련한다면 이것은 장기적으로 지역의 가족단위 선교의 가장 튼튼한 초석이 될 수 있다. 나아가 가난한 독거사망자나 무연고자의 유골까지 수용하면 교회는 세례에서부터 무덤 이후 죽은 자의 영혼까지, 인간의 온 생애를 목회하는 것이다. 개신교회 안에 납골당을 설치하는 과제는 신학적인 문제이기 이전에 한 걸음씩 풀어 가야 할 교회건물의 공공성에 대한 교회공동체의 의식문제라고 할 수 있다.

차례

01

예배공간

예배공간

머리말

1.

이스라엘 백성은 출(出)이집트를 한 이후 이집트 식민 치하에서의 고생했던 노예시절을 잊지 않기 위해 일정기간 금식을 했다. 고생을 잊지 않으려 한 것은 두 번 다시 노예가 되지 않기 위해서였다. 이것은 '기억'[1]을 활용하는 교육의 한 방법이다. 독일은 자신들이 자행했던 유태인 학살을 잊지 않고 기념하기 위해 아우슈비츠 시설물을 보존하여 전 세계인에게 개방하고 있다. 대한민국은 일제강점의 역사를 기억에서 지우려고 경복궁 복원을 명분으로 중앙청 건물을 흔적도 없이 사라지게 했으며, 옛 시청 건물의 보존문제를 두고 논쟁했다.

특정한 기억은 공공적인 것부터 사사로운 것에 이르기까지 다양하며 거기에 부여하는 의미층도 다양하다.[2] 현대는 디지털카메라가 보급되어 모두가 사진기록 작가가 되었다. 쉽게 찍고 지우는 행위는 그 자체가 유희로서 목적이 될 수 있는 반면, 보존하는 것은 자신과 주변의 중요 사건의 시공을 기억하고 회상하며 기념하는 의미를 갖는다.[3]

---

1 회상(recollection)은 기억이 보관하고 있는 표상과 생각을 의미하며, 기억(memory)은 이 회상을 보관하거나 불러오는 기능과 능력을 의미한다.

2 그 기억이 긍정적인 것이든 부정적인 것이든, 기쁘고 행복한 것이든 불행하고 참혹한 것이든, 사람들은 애써 기억하고 기념함으로써 기억을 회상하면서 즐거워하거나 교훈으로 삼는다.

3 여행을 가면 그 지역 특산물이나 물건을 수집해 와서 기념한다. 수집한 물건을 정리하며 들여다보는 행위는 프루스트(Marcel-Valentin-Louis-Eugene-Georges Proust, 1754~1826)의 『잃어버린 시간을 찾아서』의 「스완 씨네 집 쪽으로」에서 마들렌을 홍차에 찍어 먹으며 스치던 것과 다르지 않다. 이것은 회상이다. 회상은 교훈적이기보다는 낭만적이다.

대기업들은 세계 우수 건축가들의 건축물을 수집한다.[4] 이것은 그 작가의 작품을 소장하고 있다는 것을 자랑하고, 저명한 건축가의 건축물을 통해 기업의 이미지를 쇄신하고 고양하기 위한 것이기도 하다. 르네상스 시기에 메디치 가문은 미술품을 수집하여 자신의 가문을 과시하였다. 제국들이 설립한 박물관과 동물원 그리고 식물원은 제국주의의 대표적인 산물들이다. 이것은 한 나라를 정복하여 찬탈한 다양한 전리품들을 자국민에게 보여 줌으로써 국위 선양과 국력을 과시하고 침략을 기억하며 기념하기 위해서 세워진 것이다. 최근 국내의 오래된 문화재급 교회는 자체 전시관이나 사료관을 만들어 과거 선교사들의 유품을 전시하고 있다.[5]

예수께서 제자들에게 '나를 기억하고 기념하여 이 예를 행하라'고 하신 말씀을 기독교인들은 잊지 않고, 이를 기념하는 감사성찬예식을 행한다. 반복되는 예배는 잊지 않기 위해 기억을 환기시키는 거룩한 장치이며, 교회는 예배를 통해 예수 그리스도의 가르침을 교육한다. 2천 년 전 근동지역에서 태동한 기독교는 예수 그리스도를 기념하기 위해 유형의 건축물을 축조하고 그곳에 예배처소를 마련했다. 교회는 동물원이나 식물원처럼 전리품을 보관 · 전시하는 장소는 아니다. 그러나 기독교의 선교적 열망은 피선교지 국민의 가치관까지 지배한다. 인간은 자신에게 유익한 것, 몹쓸 것, 유형 · 무형의 것들에 의미를 부여하고 수집하여, 분류하고 저장한다. 그리고 이것들에 대한 기억과 회상을 의식화함으로써 기념한다. 기념은 자

---

4 삼성의 리움 미술관이 그러하고 이화여자대학교 정문에서 캠퍼스로 진입하는 신축 건축물이 그러하다. 국내 교회는 국내의 저명한 건축가 설계로 축조한 건축물은 있으나 아직 세계적으로 저명한 건축가의 설계로 축조 수집한 교회는 드물고, 서양의 과거 중세양식을 모방하여 건축한 교회건물이 많다.

5 선교사가 사용하던 물품을 위시하여 불가타 성경책과 바로크 십자가까지 수집, 전시하는 특수 박물관을 방불케 하는 곳도 있다.

발적인 개별적 기념과 단체적이며 공공적인 국가 주도의 강제·반강제적 기념이 있는데 모두 행사(儀式)성이 강하다. 동물원과 식물원은 무의식적으로 자국민들에게 제국주의의 우월성을 기억 속으로 침투시키는 은밀하며 계획적인 국가의 기념비적 산물이다. 교회는 개별적이며 공동체의 밀도 높은 기념을 통해 체험하지 못했던 2천 년 전의 예수를 환기시킨다. 이를 가장 효과적으로 환기시키고 기념하기 위해 교회는 극적인 예배를 연출하는데 이것이 일정기간 반복되면 아이콘이 되고 예전이 된다. 예전 안에는 기독교와 교파, 교단과 개교회의 특성이 스며 있으며, 그 역사성으로 인해 다양한 의미들이 요소마다 축약되어 있는 것이다. 교회는 이 예전을 통해 단순히 하나님께 예배하는 것에만 그치지 않고 그 의미를 교육함으로써 신자들의 신심과 영성을 고양시키고 기독교에 관한 지식을 전달한다. 신자들은 어떤 예전을 누구에게 어떻게 교육을 받는지에 따라 신앙적 특성이 형성되며, 한번 고착된 그 특질은 쉽게 변화하지 않는다.[6] 예전은 창조적이며 다문화적이고 포용적이어야 함에도 불구하고 교단과 교회의 주입식 교육과 반복되는 매너리즘적인 예배로 인해 신앙을 고착화시키는 위험이 있다. 교회는 이 점을 활용하여 자신의 교세를 확장시키며 자신의 것이 가장 가치가 있는 예배인 듯 선교를 한다. 그러나 교회 내부의 공간구성이나 그 예배의 구성도 서양의 것을 변용한 것이다. 국내 기독교 역사가 한 세기를 넘었지만 예배에서 한국의 것을 기념하는 것은 차치하더라도 형식에서조차 한국의 것을 찾기란 용이하지 않다.

---

[6] 가톨릭 신자들이 개신교회 예배를, 개신교회 신자들이 가톨릭 예전을 서로 낯설어하며 경계하는 것이 이러한 이유 때문이다.

생 드니 성당

국내 개신교회에서 예전에 관해 연구와 운동을 하는 몇몇 기관이 있다.[7] 이 글은 예전이 진행되는 개신교회 건축물의 내부공간 구성과 성가구에 관한 그 의미를 설명하고 비평함으로써 목회자와 신자들이 예전을 잘 이해할 수 있도록 돕는 데 목적이 있다. 이 글은 교회의 일정공간에 위치하는 성가구에 대한 최소한의 도상학적 해석과 함께, 교회 주변의 환경과 교단신학에 적절한 예배를 구축하기 위한 안내이다. 성가구 각각에 관한 신학적 해석의 논문은 아니나 이 글을 통해 교회 외형과 그 예배공간에 조화로울 수 있는 성가구를 선별하는 데 도움을 줄 수 있기를 바란다. 교회공간의 모든 성가구는 예수 그리스도를 기억하고 기념(anamnesis와 prolepsis)[8] 하는 예배의 성스러운 보조적인 도구이다. 또 성가구는 예배교육에 유용한 시각 자료이기도 하다. 성가구에 대한 의미 해설뿐만 아니라 공간 안에서 성가구를 다양하게 배치해봄으로써 그에 따라 변화되는 공간체험과 예배 분위기를 경험할 수 있다. 이 글의 범주는 교회 본당 건물의 외부공간에 관한 부분은 다루지 않는다. 내부공간과 그 안에 설치되는 설교대와 성만찬 테이블, 그리고 세례반, 성가대석, 목회자 의자와 회중석 의자이다. 십자가와 그 밖의 성가구와 이미지들에 관한 연구는 다음으로 미룬다.

---

7 감리교 이정훈 목사가 주관하고 있는 '성실문화'가 있다. 여기에서 계간지 예배잡지를 발간하는데 이 잡지 내용구성은 교회 절기에 따른 그 상징의미를 해석하고 창조적인 예배와 토착화 예배를 구성하고 발표하며 교회력에 따른 설교주석과 영성교육 및 교회 공간구성, 예배극까지 어우르는 예배 전문 계간지이다.

8 anamnesis가 과거의 기억을 현재화하는 것이라면 prolepsis란 예기적 표시, 즉 미래의 일을 현재나 과거의 것으로 쓰는 것을 의미한다.

2. ──── **예전**

엘리아데(Eliade, Mircea, 1907~1986)의 '우주 축(axis mundi)' 혹은 '우주의 기둥(universalis columna)'은 장소성과 공간성을 우주의 중심으로 삼고 거룩하게 하는 상징이다.[9] 예루살렘이 우주의 축이었고 사원과 대성당은 우주 축으로서 지상의 중심이라는 의미를 지니고 있었다. 모세가 하나님의 음성을 들었던 호렙산의 불꽃이 이는 떨기나무 가운데가 우주의 중심이었으며(출 3장), 야곱이 꿈속에서 하나님의 음성을 듣고 베고 자던 돌을 세워 석상을 삼고 '베델'이라 이름 지은 그곳이 우주의 축이었다(창 28:17).[10] 교회는 하나님의 집이며, 신자들이 한곳에 모여 예배를 드리고 기도하는 처소이며, 모세의 떨기나무 자리와 같은 거룩한 장소였다.

신약시대의 교회의 장소와 건물의 원형은 유대인들의 회당(synagogue, 약 2:2)에서 찾아볼 수 있다. 그러나 이런 회당과 같은 유형의 건물만이 교회가 아니라 예배를 위해 모이는 회중을 가리켜 '그리스도의 몸'으로서의 교회라고 한다. 초기 기독교인들은 로마제국의 박해를 받으면서 숨겨야만 했던 그들만의 예배 장소와 공간에 대해 상징적인 의미를 부여해 왔다. 기독교에서 순교자들에 대한 의식과 기념은 각별하다. 순교자 무덤 위에 제단을 세우고 교회를 축조하는 것이 초대 교회

---

9 M. Eliade, Willard Trask (trans), *The Sacred and the Profane, The Nature of Religion*(New York: Harcourt, Brace & World, 1959) 참조.

10 야곱은 잠에서 깨어나 두려움에 사로잡혀 이렇게 외쳤다. "이 얼마나 두려운 곳인가, 여기가 바로 하느님의 집이요, 하늘의 문이로구나." 『공동번역성서』 개정판.

성공회 서울대성당 크립트

의 장소성이기도 했다. 무덤은 그리스도교 부활신앙과도 밀접하다. 묘지는 죽은 자들이 잠들어 있는 신성한 공간이었으며 이들의 영혼을 부활과 영생으로 이끌 '교회의 품'이었다. 무엇보다 순교자들의 무덤은 당연히 부활하고 영생할 생명과 거룩함의 원천이었으므로 그 무덤을 교회 안에 안치하거나 안치하기 위해 그 무덤자리에 교회를 축조하였다. 이렇게 건축된 교회의 장소는 우주의 중심이 되었으며, 한편 이러한 우주의 중심에 교회를 구축했다.

교회공간에서 동쪽은 낙원이며 이곳에 제단을 설치하고 하나님께 예배한다. 교회는 하나님의 집이며, 신자들이 이곳에 함께 모여 예배를 드리고 기도하는 모세의 떨기나무 자리와 같은 거룩한 장소이다. 로마 가톨릭은 교황이 거하는 바티칸을 우주의 축으로 삼지만 예루살렘은 유대교인과 기독교인들에게 세상의 중심이다.[11] 예루살렘의 성전이 세워진 바위는 대지의 배꼽으로 간주되었으며, 중세기의 지도는 예루살렘이 항상 세계의 중심에 위치하고 있다.[12] 예배처소로서 카타콤을 선택한 것에는 '죽은 자'들을 이상화했던 고대 그리스·로마문화와도 일정 관련이 있으며,[13] 고대 영웅 숭배와 기독교의 순교자 숭배와의 유사성도 있다. 집안 조상을 사당에 모시는 관습, 죽은 자를 향해 드리는 종교제의와 죽은 날을 기념하고 기억하

---

11 "세계는 인간의 눈동자와 같아서 흰자위는 대양이며 가운데 검은 수정체는 세상이다. 그 안의 동궁은 예루살렘이며, 그 동궁 안에 있는 이미지가 바로 사원이다." William Lethaby, *Architecture Mysticism & Myth*(Broughton Gifford: Solos Press, 1994), p. 78.

12 Mircea Eliade, *Symbolism, The Sacred, and the Arts*(New York: The Crossroad Publ. co., 1985), 박규태 옮김, 『상징, 신성, 예술』(서울: 서광사, 1991), p. 194.

13 Peter Brown, *The Cult of the Saints: Its Rise and Function in Latin Christianity*(Chicago: The University of Chicago Press, 1981), p. 5.

는 것, 각 종교들이 간직하고 있는 죽음의식과 무덤,[14] 이 모든 것은 살아 있는 자가 죽은 자와의 관계성을 구분 짓는 의식이다. 특히 기독교에서 순교자들에 대한 의식과 기념은 각별히다. 순교자 무덤 위에 제단을 세우고 교회를 축조하는 것이 초대교회의 장소성이기도 했다.

모든 종교는 정해진 예배를 집행하기 위해 특정한 공간에 모여 기도하고 찬양하며 친교하고 성만찬을 나누고 말씀을 듣기 위한 집을 마련한다. 그 예배는 참석자의 기호와 취향에 따라 그 형태나 의식을 느닷없이 변경하거나 다른 형태의 예배를 취사선택할 수 있는 것이 아니다. 예배는 종교마다 그 나름의 역사적 산물이고 신앙의 표현이며 이것을 통해 신자들은 신에게 간구하고 찬양하며 동시에 자신과 공동체의 믿음을 더 깊게 한다.

예배는 건축, 예술, 예복, 장식, 가구를 필요로 한다.[15] 예배를 통해 사람은 신성에 대한 인식을 하게 된다. 그러므로 거룩한 종교건물과 공간, 성물들은 절대자의 신성을 담지하게 되는 것이다. 예배는 기독교인들의 신앙적 체험에서 비롯된다. 교회는 대속으로 죽으시고 승천하신 주님을 기념하기 위해 빵을 떼어 친교를 나누는 성만찬 예식이 집행되는 곳이다. 또한 교육을 하고 어려운 이웃과 사회에 봉사하기를 선포하고 나눔과 친교의 식사가 있는 곳이다. 그리스도의 죽음이란 헤겔의

---

14 고대인들은 죽음과 친숙했음에도 불구하고 죽은 자들이 돌아올 것을 염려해서 묘지를 숭배했다. 한편 죽은 자들은 불순한 존재이기 때문에 살아 있는 자를 오염시키거나 도시를 더럽혀서는 안 된다는 생각으로 묘지를 도시 밖에 두도록 하였다. Philippe Aries, 고선일 옮김, 『죽음 앞의 인간』(서울: 새물결, 2004), p. 84.

15 예배(worship)라는 단어는 worth ship의 합성어이다. 이 단어의 어원은 gossip와 크게 다르지 않은데 이것은 God ship이 단축된 말이라고 한다. 이것은 'Your Worship'으로서 특별한 분에게 공적인 가치를 부여할 때 사용하는 말이기도 하다.

말처럼 단순히 2천 년 전에 있었던 종말론적 죽음이 아니다. 감각적 삶에 기초한 현재의 시간과 공간에서[16] 그리스도의 죽음에 대한 기념에 참여하는 것이 예배이다. 기억이란 대상이 부재하는 가운데 모두 이미지 형태로 나타난다. 그리고 시간의 연속성에서 현재를 실재하는 것으로 인식하는 순간 현재는 과거로 지각된다(anamnesis). 예배는 과거의 그리스도의 이미지를 이 순간 기억하는 기념 같지만 결국 시간을 초월하여 미래를 현재화하는 것이다(prolepsis).

3. 공간

초대교회의 기본적인 구조와 형태는 바실리카 형태에서 시작하여 지금까지 내려오고 있다. 모든 종교마다 사원건축에 있어서 그들만의 방향성을 갖고 있다. 기독교 교회건축의 방향은 유대사원 건축방향에 따라 콘스탄티누스 대제가 건축한 성 묘당(Holy Sepulchre)도, 초기 이탈리아 교회도, 영국교회도 초기에는 제대가 서쪽을 향해 있었다. 그 후 유스티니아누스 대제에 이르러 예루살렘이 있는 동쪽을 향하게 된 것이 계기가 되어 오늘날까지 동쪽으로 정착하게 된 것이다.[17] 로마제국이 동서로 분리된 후 교회의 중심은 콘스탄티노플이었는데, 교회건축의 가장 두드러진 시기는 비잔틴식 아야 소피아 성

---

16 G. W. F. Hegel, *Phänomenologie des Geists*, 임석진 옮김, 『정신현상학』(서울: 지식산업사, 1988), p. 146.

17 William Lethaby, *Architecture Mysticism & Myth*(Broughton: SOLOS Press, 1994), p. 63.

당을 축조한 6세기 유스티니아누스 대제 때이다. 그 후 서방교회는 정방형의 돔이 있는 비잔틴식 구조를 전례 집전에 적절하게 장방형의 로마네스크와 고딕형태로 변경히여 발전시켜 왔다. 특히 서방교회는 출입문을 서쪽 벽면(facade)에 설치하였는데, 고딕성당인 경우 서쪽 벽면 중앙부위에 대형 장미창을 설치하고 그 주변은 이스라엘 왕들의 조각으로 장식하였다. 그리고 양쪽에는 탑을 세워 '하나는 마을의 종, 하나는 교회의 종'[18]으로 사용하였다.

교회공간을 기능적으로 분절하면 서양교회의 전통에서 지성소(제단)와 회중석, 그리고 성가대석과 현관으로 대분할 수 있다. 이것은 국내 교회에서 분절한 것이 아니라 초대 바실리카 양식에 기독교 예배를 적용하면서 자연스럽게 형성된 공간이다.

계룡 개척교회_개척교회의 일반적인 모습

18 Darby Wood Betts, "Architectural Style", Darby Wood Betts ed, , *Architecture and the Church: An Official Publication of the Joint Commission on Architecture and the Allied Arts*(Greenwich: The Seabury press, 1952), p. 21.

대전 모 교회_한국개신교회의 일반적인 제단 모습

예배공간에서 예배 때 사용하는 가장 중요한 도구가 성가구이다. 말씀선포와 성서독서를 위한 설교대와 독경대(최근에는 이 둘을 하나로 사용하는 경우가 늘었다), 성만찬 집행을 위한 제대, 세례대, 회중의자와 집전자 의자, 그리고 전례적인 교회(가톨릭, 성공회, 정교회 등)라면 성물로서 제대용 촛대와 순행 십자가를 들 수 있다. 그 밖에 헌금함, 주보꽂이에 이르기까지 성가구 범주에 들 수 있는 것은 다양하다. 특히 성가구는 용도가 특별하기 때문에 일반 가정용 가구나 사무용 가구와 구별되며 특별한 디자인이 요구된다. 전례교회인 경우 제대와 설교대는 특별히 주교의 축성이 있은 후 사용한다. 많은 성가구들 중에서 특히 제대와 세례반, 그리고 설교대는 한 공간 안에서 서로 충돌하거나 긴장감 없이 배치되는 것이 중요하다.[19] 성가구는 교단마다 규정된 예배의식을 집행하기에 적합하도록 제작하여 예배공간에 적절히 배치한다. 성가구 배치에는 일정한 규칙이 있는데 초대 바실리카 공간배치를 기본으로 삼아 중세기에 대부분 정착되었다. 가톨릭교회는 바티칸 제2차 공의회를 통해 큰 변화 없이 오늘에 이르고 있다.[20] 동방교회는 초대교회 이후 이미지 논쟁을 수차례 거치면서 회중석과 유리된 칸막이(iconostasis) 안쪽에 제단을 배치하는 것이 상례이다. 개신교회는 종교개혁 이후 시각적인 이미지들을 제거함으로써 성가구의 디자인도 단순화되고 많은 것들이 생략되었으나 그 배치는 여전히 중세 가톨릭교회의 기본배치를 따르고 있다.

성가구의 재질은 대체로 제단과 설교대, 독경대는 돌이나 나무 같은 천연재질을 사용하며 그 밖의 촛대는 나무나 은을, 성찬식용 제기는 주로 은이나 도자기를 사용한다. 세례반(baptismal font)은 교단에 따라 정교회와 침례교회같이 전신을 담글 수 있는 욕조처럼 만드는 경우도 있으나 가톨릭교회는 대체로 돌로 제작한다. 개신교회에서는 세례반을 교회공간의 일정한 곳에 고정으로 배치하지 않고 필요에 따라 꺼내 사용하는데 주로 놋쇠나 은 같은 금속 그릇을 사용한다. 대체로 세례반이 둥근 것은 '목욕과 자궁'의 이미지에서 기원한다고도 한다.[21] 회중의자와 집

---

19 이 셋은 교회 예배공간에서 가장 중요한 성가구이다. 초대교회는 세례반이 교회본당 입구에 위치했으나 개신교회는 보이도록 드러내지 않는 경우가 많다. 말씀선포와 성만찬이 균형을 이루어야 하듯이 설교대와 제대의 위치와 규모관계도 그러해야 한다.

20 종수, 『성당건축과 전례』(서울: 가톨릭출판사, 1993)를 참조할 것.

21 Marchita B. Mauck, *Place for Worship: a guide to building and renovating*(Minnesota: The Liturgical Press, 1995), p. 40. 도상학적으로 직사각형 형태는 예수 십자가 고난과 무덤을, 6각형은 6일째 되는 날의 그리스도의 고난과 죽음을, 8각형은 부

전자 의자는 나무재질을 주로 사용한다. 성가구 제작은 교회건축을 설계하는 시점부터 공간배치, 조명은 물론 가구의 재질과 크기, 모양, 색깔에 이르기까지 모든 것이 서로 조화를 이루도록 해야 한다. 좋은 건축공간에 예술성이 높은 질 좋은 가구를 비치할지라도 한 공간 안에서 가구끼리 서로 조화를 이루지 못하면 효과적인 예배를 기대할 수 없다. 값싼 성가구는 값싼 예배를 조성할 수 있는데 여기에서 값싸다는 것은 재질, 디자인뿐만 아니라 건축 공간, 예배와 상호 조화를 이루지 못하는 성가구를 의미한다.[22] 파이프오르간을 안치하기 위해 특별공간을 마련하는 경우에는 오르간에 맞추어 공간을 연출하기보다는 공간에 적절한 오르간을 제작하여 설치하는 것이 더 적절하다.[23] 따라서 성가구 제작과 배치는 건축설계 시작부터 협의가 필요하다. 교회에서 사용하는 중요한 성가구 몇 가지를 간단히 살펴본다.[24]

1) 설교대

가톨릭교회와 개신교회를 포함한 모든 교회공간에서 가장 중요한 성가구 중의 하나는 말씀을 선포하는 설교대이다. 서양 중세교회는 회중석에서 바라볼 때 왼편에 설교대를 삼층 구조로 높이 설치하여 말씀과 설교자의 권위를 드높였다. 현대

활의 수를 의미한다.

[22] 상가건물 한 칸을 임대하여 사용하는 작은 개척교회가 대형교회에서나 사용이 가능할 권위적인 모양과 규모의 의자를 배치한다면 그 공간에서의 예배가 아름답게 보일 수 없을 것이다.

[23] 혹, 거대한 파이프오르간의 설치 때문에 이 점을 고려하여 교회건축을 설계하는 경우는 있다.

[24] 가톨릭 성가구에 관한 간단한 안내서로는 National Conference of Catholic Bishops: Bishops' Committee on the Liturgy, *Environment & Art in Catholic Worship*(Chicago: Liturgy Training Publications, 1993)이 있다.

의 몇몇 대형 개신교회는 목회자의 권위를 과시하기 위한 의도로 공간배치를 할 때 크기, 모양, 색에서 다른 성가구와의 조화를 무시한 채 설교대를 설치하기도 한다. 또한 회중석과 비슷한 높이에 단순한 형태와 담백한 색깔을 입힌 설교대를 설치하여 현대의 민주적인 시대정신과 만인사제설에 대한 새로운 인식을 성가구로 표현하는 교회도 있다. 회중석에서 설교자를 바라보는 시각도는 25~30도를 넘지 않아야 한다. 그러나 교사가 수업시간에 학생들을 개별지도하고 감독하기 위해 교실 안을 돌아다니듯이 하거나 연예인처럼 단상을 오르내리기도 하고 분주하게 회중석을 배회하며 설교하는 목회자가 있다. 이런 경우에는 신자들의 집중도를 짧은 시간 동안에는 높일 수 있겠지만 일인 쇼를 보는 인상을 주게 되어 설교자의 품위와 말씀의 권위를 떨어뜨릴 수 있다. 또 설교시간이 길어지면 설교자의 이런 행위가 오히려 청중의 집중력을 산만하게 할 수 있다. 최근 제단(지성소)에 성찬 테이블을 설치하면서 좁은 제단공간을 효과적으로 사용하기 위해 이동식 설교대를 비치하는 경우도 있다. 설교할 내용을 담은 성서구절을 회중석 중앙 회랑이나 독경대에서 읽지 않고 설교대에서 낭독하는 교회도 있다. 최근에는 성서를 읽는 독경대와 목회자의 설교대를 함께 사용하는 교회가 늘고 있다. 독경대는 설교대보다 한 계단 아래에 위치하고 설교대보다 작은 것이 좋다. 이것은 복음서와 말씀의 권위를 차별화하기 위한 가구 배치이다. 칼 바르트(K. Barth)는 단순한 나무 재질의 견고한 제대와 그리고 이동이 가능한 독서대가 조화를 이루어야 한다고 했다.[25]

---

25 Marianne H. Micks, *The Phenomenon of Christian Worship: The Future Present*(New York: The Seabury Press, 1970), p. 131.

교 회 건 축 의 이 해 ■
예배공간

스트라스부르 개혁교회

2) 성만찬 테이블(제대)

성만찬 테이블은 전통적으로 회중석에서 7계단 혹은 3계단 위에 위치해 왔다. 이 테이블은 성직자, 성가대원, 세례받은 신자들이 한곳에 모여 주님으로부터 부름받음에 대한 응답을 하는 표지이다. 또 서로 하나 됨에 대한 감사를 하며 성직자가 주님의 성체를 축성하는 가구이다. 따라서 이곳의 모임은 다른 사회적인 모임과는 성격이 다르다. 성만찬이 집행되는 장소는 그 교회 안의 어느 공간보다 더욱 '거룩함의 신비를 보여 주는' 중심으로서 위엄이 있는 아름다운 지성공간이어야 한다. 이 테이블은 지나치게 우람하거나 권위적인 형태이어서도 안 되며 값싼 플라스틱과 같은 재질로 제작해서도 안 된다. 이런 형태와 재질로는 주님 최후의 만찬과 성례전의 의미, 그리고 주님 무덤이라는 다중적 의미를 표현하기 어렵다. 제대는 그리스도가 임재하는 곳이며, 성스러운 신비를 체험하기 위해 공동체가 모이는 중심이다. 테이블의 형태는 지역에 따라 다르다. 그러나 테이블의 다리는 감추는 것이 좋으며 재질은 나무나 돌 혹은 벽돌처럼 견고한 것이 좋다. 테이블 상판에는 그리스도의 오상(십자가상에서의 예수의 다섯 군데 상처)을 기념하여 다섯 개의 십자가를 조각하기도 한다. 전례적인 교회는 제대 위 중앙에 제대용 소형 십자가를 세우고 제대 양 끝에 촛대를 놓고 중앙에 예식서를 놓는다. 제대 주변은 꽃으로 장식하고 부활 절기에는 부활 촛대를 세운다. 제대 주변에는 교회절기에 따라 다양한 장식이 놓이게 되므로 제대 자체는 견고함과 담백한 미가 있어야 한다.

제대의 위치는 무덤과 관계가 깊다. 유럽 중세기에는 회중석과 구분하기 위해 제대를 지성소의 아주 깊은 곳에 안치했다. 16세기 종교 개혁가들에 의해 제대는 단순화되었으며 현대의 제대는 회중석에 가깝게, 원형 공간이라면 회중석 중앙에 안치한다.[26] 1960년 이후 좁고 긴 제대가 출현하기 시작했는데, 이것은 다수의 성직자가 테이블 한편에서 전례를 함께 진행할 수 있도록 고안한 것이다. 최근에 성찬 테이블은 세로 폭이 좁아지고 가로 길이가 길어지는 추세이다.

3) 성가대

개신교는 예배공간 안에서 성가대의 위치가 자유로운 편이다. 교회에 따라 지성소 끝 중앙 부분에 위치시켜 회중석과 정면으로 마주하게 한 곳도 있다. 가톨릭은 1967년 2차 바티칸 공의회에서 성가대에 관한 위상과 위치조건에 관한 조항을 다음과 같이 밝히고 있다.

① 공동체의 한 부분으로서 특별한 기능을 하는 성가대의 위상은 명백해야 한다.
② 성가대는 전례적인 행위를 하기에 용이한 곳에 위치해야 한다.
③ 성가대의 모든 대원들은 지성소와 가까운 곳에 있어서 편하게 성사에 참여할 수 있어야 한다.

이것은 전례 중심의 가톨릭교회에서 성가대의 중요성을 밝힌 것이다. 개신교보다 강조한 점이 있다면 그것은 위의 ③의 조항이다. 이것은 예배마다 한 사람씩 제단 앞에 나아와 성찬예식(성체성사)에 참여하는 가톨릭교회 전례의 특성에서 기인한 것이다.

---

26 아야 소피아 성당처럼 정방형이나 원형의 비잔틴 양식의 교회인 경우 중앙에 제대를 설치할 경우 방향성이 상실되므로 동쪽에 반구형의 제단(apse)을 만들어 그곳에 제대를 설치하고 지성소로 삼는다.

제단에 성가대를 안치한 서울 모 장로교회

개신교회 중에는 성가대원들이 색 있는 가운을 입고 중앙제단에 안치된 경우가 있다. 말씀 중심의 장로교회라면 성가대는 기둥 뒤로 숨기는 것이 칼뱅주의 신학이다.[27] 그리고 성가대원이 예배시간 내내 성가대석에만 고정하여 있을 필요는 없다. 예배의식과 순서에 따라 성가대의 역할이 없는 회중찬양시간에는 대원들이 흩어져 회중석에 앉아 회중과 함께 찬양을 북돋는다면 더욱 활기 있는 예배를 조성할 수 있다. 그러나 예전 진행에 거슬림 없이 성가대원들이 흩어지고 다시 모일 수

27 성가대석을 중앙제단 위에 위치한 것에는 그 교회 나름의 이유가 있겠지만 칼뱅주의 신학에 비추어 보면 목회적 이유는 있을지라도 신학적 설득력은 없다. 칼뱅은 교회 내의 성화상을 비롯한 어떤 시각적인 것들도 수용하지 않으려 했다. 설교대 뒤편 중앙 제단에서 대원들이 색깔 옷을 입고 발성하는 소리를 천상의 소리로 상징한다고 할지라도 그 형상은 말씀 중심의 교회에 적절하지 못하다.

있는 자연스러운 동선을 창출하는 문제는 남는다.

4) 목회자의 의자

개신교회는 당회장의 의자를 대체로 지성소 중앙에 안치하고 있다. 초대교회 목회자의 의자 모양은 지역마다 조금씩 달랐지만 대체로 재판관, 철학자, 교사로서의 권위를 드러내고 그 기능을 수행할 수 있도록 제작되었다. 그러나 왕이나 황제의 의자 모양은 피해서 제작하였다. 예전을 함께 집행하는 다른 목회자들의 의자도 지성소에 함께 놓아 각자 그들이 맡은 일을 효과적으로 수행할 수 있도록 하는 것이 좋다. 인위적으로 목회자의 권위를 드높이려는 의도로 의자의 모양과 크기를 권위적으로 제작하는 것은 신자들의 신앙에 도움을 주지 못한다. 목회자 의자는 한 예배공간에서 다른 성가구들과 유기적 관계를 맺는 의자가 좋은 의자이다. 당회장과 설교자, 부목회자가 제단에 함께 동석할 때도 당회장 의자에 다른 규모와 장식으로 차별성을 두는 것은 바람직하지 않다.

5) 회중석 의자

신자용 회중의자가 한국에 들어온 것은 대체로 1940년대 이후이다. 서양의 중세교회도 회중을 위한 의자는 없었다. 긴 예배시간 동안 서서 예배를 드렸다. 회중 의자는 나무 재질의 장의자가 그동안 주류를 이루었고 앞으로도 지속될 전망이다. 그러나 최근 교회공간의 다용도 활용을 위해 개별의자를 안치하거나 극장식 의자, 혹은 이동에 용이한 접이식 의자를 사용하는 교회가 늘어나고 있는 추세이다. 어느 형태의 의자가 좋다고 할 수는 없다. 이것은 교회의 선교 목적과 그 교회의 공간 상

신촌중앙성결교회

황에 따라, 예배공간을 어떻게 활용할 것인지에 따라 결정해야 할 문제이다. 거룩한 예배공간을 다른 용도로 사용할 수 있는 것에 대한 신학적 논의는 남아 있다. 이것은 종교건축물의 공공성과 종교시설물 이용에 관한 개방성 문제인데[28] 최근 많은 교회들이 이 문제를 인식하고 교회건물을 개방하고 있는 것은 고무적이다.

재질이 좋고 값비싼 성가구를 배치했다고 할지라도 이것이 교회건축물의 재질, 양식, 질감, 조명 등 전체적인 분위기에 어울리지 못한다면 그것은 좋은 성가구라고 할 수 없다. 특히 한 공간 안에서 성가구들이 통일성을 갖지 못하고 가구를 수집하듯이 한 경우에는 가구마다 서로 다른 재질과 색깔이 시각적으로 부딪힐 수밖에 없다. 같은 재질일지라도 크기와 위치에 따라 이를 바라보는 시선의 순서는 평등할 수 없다. 가능한 한 비슷한 재질과 색감으로 통일성을 이루는 것이 좋다. 교회 주변의 다른 교회들의 공간과 차별성을 두기 위해 성가구를 특이한 재질과 색깔로 제작하여 배치하는 것도 주의해야 한다. 예배 중에 성가구가 회중의 시선과 마음을 산만하게 함으로써 예배에 집중하지 못하게 해서는 안 된다.

성가구 디자인에 대한 토착화 연구도 시급하다. 성가구 회사마다 디자인 연구실을 두고 자신들만의 독특한 디자인을 출시하고 있다. 그리고 토착화 분위기의 가구라고 수요가 있는 것도 아니다. 토착화는 건축물의 외양과 공간 구성 및 성가구 모두가 조화롭게 구축될 때 가능한 것이다. 시각적인 토착화를 구축한 대표적인 교회로서는 전통 한국 목가구조로 건축한 성공회 강화교회와 일본 나라에 있는 전통

---

28 필자는 2005년 12월 19일 한국기독교교회협의회의 교회와 사회위원회 주최, 한국기독교사회문제연구원 주관으로 서울 기독교회관에서 '종교시설 이용에 대한 신학적 접근'이란 제목으로 발표한 바 있다.

일본건축양식, 그리고 그 내부공간에 있는 성가구를 들 수 있다. 개척교회(상가 임대교회)가 많은 국내에서는 어떤 형태의 성가구를 비치할 것인지에 대한 어려움이 있다. 비록 건물 외양은 교정할 수 없는 상가교회라고 할지라도 내부공간과 성가구만이라도 우리 식으로 꾸며 간다면 예배 분위기도 개선될 것이다. 십수 년 전부터 쌀뒤주를 제대로 사용하거나 한옥 기둥을 십자가로 응용하여 사용하는 교회를 볼 수 있었는데 이런 현상은 최근 급격히 사라지고 있다. 이것은 예배공간과 성가구에 대한 토착화 시도였으나 교인들과 시민들에게 큰 영향을 주지는 못했다. 그 이유는 예배형식과 건축양식 및 공간구조는 토착화하지 않은 채 성가구만 조화롭지 못하게 설치하였기 때문이다. 조악한 기성 성가구 상품을 사용하면 예배공간과 조화롭지 못해 예배의 리듬을 흐뜨릴 위험이 있다. 그러나 주의를 기울이면 교회공간 분위기에 적절한 기성품 성가구를 구할 수 있다. 새로운 성가구를 비치할 경우에는 교회예배공간과 기존의 성가구들과 충돌하지 않는지를 살피는 것이 무엇보다 중요하다.

끝말: 기억과 기념

4.

현대사회에서 교회를 '하나님의 부르심과 그리고 위기에 처한 세상의 고통에 대한 기독교인들의 응답'[29]이라고 정의한다면 성만찬을 통한 그리스도에 대한 기억이 지금 응답하는 현재의 사건으로 될 때 기념이

---

29 Richard Giles, *Re-Pitching the Tent: the definitive guide to re-ordering church buildings for worship and mission*(Norwich: Canterbury Press, 2004), p. 84.

된다. 그러나 기념하는 순간은 시간선상에서 이미 과거가 된다. 이 기억 (anamnesis)의 기능에는 미래의 구원을 기대하면서 미래를 앞당겨 지금 경험하게 하는 프로렙시스(prolepsis)의 기능도 있다.[30] 말씀의 선포와 성찬예식을 통해 신자들은 프로렙시스를 경험하는 것이다. 교회공간 안에서 '과거-현재-미래-현재'로의 '믿음의 여행'이라고 할 수 있는 예전이 단절됨 없이 아남네시스와 프로렙시스가 구축될 수 있도록 돕는 도구가 바로 성가구이다. 한국교회가 서양 중세교회의 전통적인 성가구 배치를 모방할 필요는 없지만 그 전통을 알고 우리 식으로 변혁해 가는 것은 바람직하다. 서양교회의 도상학적 전통에 따라 제대를 삼위일체를 상징하는 세 계단 위에 놓아야만 할 필요는 없다. 오히려 세상의 낮은 곳에 임하시는 주님을 기념하고자 한다면 제대를 회중석 한가운데 위치해 놓아도 좋다. 개신교회는 교단에 따라 제대를 성서를 놓는 받침대와 공유하는 곳도 있다. 성서대와 제대의 기능이 서로 다르다고 해서 좁은 지성소 공간에 이 둘 모두를 비치하거나, 성서가 성만찬보다 더 중요하다고 생각하여 지성소 중앙 벽면의 십자가 밑에 안치할 필요도 없다. 이것은 교회공간의 형편에 맞추어 안치해야 하는 공간신학의 문제이다. 제단 중앙 십자가도 벽에 붙어 있어야만 할 당위성은 없다. 예수님이 매달린 십자가는 땅에 박아 놓은 나무 십자가였다. 최근 교회공간 연출을 위해 제단에서의 입식 이동 십자가도 출현했다. 서양으로부터 전수된 성가구의 모양과 배치는 우리 상황에 적절하게 제작하여 구성할 수 있어야 한다. 이것이 토착화이다. 교회공간을 우리의

---

30 김용성, 「성만찬신학과 성구 - 하나님나라의 식탁으로서 성찬상」, 박종환 외 6인, 「거룩한 상징: 예전가구의 신학적인 이해」(서울: 대한기독교서회, 2009), p. 169.

역사와 문화가 스며 있는 공간으로 만들어 가는 것은 중요하다. 내부공간의 형태와 성가구의 형태가 대량생산된 기성품으로 획일화되어서는 안 되는 이유가 있다. 교회는 지역사회의 문화 및 정서와 유기적이어야 하기 때문이다.[31] 기능이 형식을 만든다는 이론에 따르면 예전이 공간을 연출할 수도 있지만, 역으로 공간에 따라 예전을 연출할 수도 있다.

예배 분위기는 상황과 예배 주제에 따라 거룩해야 하거나 장엄해야 할 때가 있으며, 기뻐해야 하거나 아늑해야 할 때가 있다. 한 공간 안에 똑같은 성가구의 고착된 배치로는 다양한 예배공간 분위기를 연출해 내기란 쉽지 않다. 성경 구절, 곡, 설교내용과 집전자의 몸짓, 음색을 바꾸는 것으로 새로운 예배를 창출한 것이라고 할 수는 없다. 한 공간에서 성가구를 다양하게 배치하고 이에 대한 신학적인 의미를 부여하는 것에 따라 다양한 공간체험과 예배 분위기를 경험할 수 있게 된다. 그동안 예배의 조연으로 있던 음향과 조명도 예배에 주된 역할을 하게 되었다.[32] 예배는 그리스도에 대한 기억으로 시작하여 그를 기념하는 것으로 끝을 맺는다. 그러나 예배는 일상이 곧 예배임을 기억(anamnesis)하며 말씀과 성만찬, 친교를 통해 과거 그리스도의 사건에 대한 기억과 기념이 프로렙시스(prolepsis)로 전이되고 고양되도록 연출하여야 한다. 그러나 신자들의 관심을 색다른 예배에 집중하게 함으로써 그들이 요구하는 다양한 목회적 요청을 회피하는 수단으로 예배를 이용해서는

31 Richard Giles, *Re-Pitching the Tent: the definitive guide to re-ordering church buildings for worship and mission* (2004), p. 109.

32 Viggo Bech Rambusch, *Lighting The Liturgy* (Chicago: Liturgy Training Publications, 1994) 참조할 것.

성공회대학교 신학대학원 채플(고요한주교 기념채플)

안 된다. 교회건물 자체가 매체이며 말씀의 선포이듯이, 예배도 그 자체로서 메시지이며 선포이다. 따라서 일정한 공간에서 행해온 예배의 틀을 벗어나 다양한 예배를 연출한다는 것에는 오랜 기간 신앙 공동체가 지켜온 예배에 대한 기억들에 혼란을 줄 수 있다.[33] 과거에 각기 수집된 성가구들이 신학적 배려 없이 한 공간에서 자주 이동될 때 기억도 상처받기 쉽다는 점을 유념해야 한다. 긴 세월 한 위치에 고정돼 익숙해진 성가구를 통해서도 성사를 체험하는 것이다. 예배를 통한 하나님의 현존 경험은 이성에 앞서 인간의 감각에 의한 것이기 때문에[34] 음악을 포함한 시각적 상징과 종교예술을 어떻게 적절하게 활용할 것인지는 예배 때마다 점검해야 한다.

33 Richard Giles, *Re-Pitching the Tent: the definitive guide to re-ordering church buildings for worship and mission*(2004), p. 107.

34 박종환, 「거룩한 사물, 행위, 그리고 예배」, 박종환 외 6인, 『거룩한 상징: 예전가구의 신학적인 이해』(서울: 대한기독교서회, 2009), p. 207.

참고문헌

김종수,『성당건축과 전례』, 서울: 가톨릭출판사, 1993.

박종환 외 6인,『거룩한 상징: 예전가구의 신학적인 이해』, 서울: 대한기독교서회, 2009.

이정구,「종교시설 이용에 대한 신학적 접근」, 한국기독교사회문제연구원,『지역사회 주민을 위한 종교시설 이용에 관한 심포지움』, 서울: 사회선교자료 2005-2.

이정훈,『성실문화』, 양평: 도서출판 성실문화, 계간 정기간행물.

Aries Philippe, 고선일 옮김,『죽음 앞의 인간』, 서울: 새물결, 2004.

Betts Darby Wood, ed., *Architecture and the Church: An Official Publication of the Joint Commission on Architecture and the Allied Arts*, Greenwich: The Seabury press, 1952.

Brown Peter, *The Cult of the Saints: Its Rise and Function in Latin Christianity*, Chicago: The University of Chicago Press, 1981.

DeSanctis Michael E., *Renewing the City of God*, Chicago: Liturgy Training Publications, 1994.

Eliade M., Trask Willard (trans), *The Sacred and the Profane, The Nature of Religion*, New York: Harcourt, Brace & World, 1959

_____, *Symbolism, The Sacred, and the Arts*, 박규태 옮김,『상징, 신성, 예술』, 서울: 서광사, 1991.

Giles Richard, *Re-Pitching the Tent: the definitive guide to re-ordering church buildings for worship and mission*, Norwich: Canterbury Press, 2004.

Hammond Peter, *Toward a Church Architecture*, London: The Architectural Press, 1962.

Hegel G. W. F., *Phänomenologie des Geists*, 임석진 역,『정신현상학』, 서울: 지식산업사, 1988.

Lethaby William, *Architecture Mysticism & Myth, Broughton Gifford: Solos Press*, 1994.

Mauck Marchita B., *Place for Worship: a guide to building and renovating*, Minnesota: The Liturgical Press, 1995.

Micks Marianne H., *The Phenomenon of Christian Worship: The Future Present*, New York: The Seabury Press, 1970.

National Conference of Catholic Bishops: Bishops' Committe on the Liturgy, *Environment & Art in Catholic Worship*, Chicago: Liturgy Training Publications, 1993.

Rambusch Viggo Bech, *Lighting The Liturgy*, Chicago: Liturgy Training Publications, 1994.

Ryan G. Thomas, *The Sacristy Manual*, Chicago: Liturgy Training Publications, 1993.

Vosko Richard S., *Designing Future Worship Spaces*, Chicago: Liturgy Training Publications, 1994.

02

문

문

머리말

1.

인간은 자신의 소유권을 주장하고 이를 보호하기 위해 자신이 소유한 장소와 공간에 경계를 표시하고 타자(사람, 동물)의 침입을 막기 위해 남을 세운다. 그리고 권력은 특정한 장소와 공간에는 일정한 자격이 있는 자만이 출입을 할 수 있도록 경계 담이나 건축물에 문을 달도록 했다. 인간은 소유한 장소와 건물에 담과 문이라는 장치를 해왔으며 그 자격은 곧 권력이기도 했다. 문은 사람과 동물, 그리고 필요한 물건이 그 장소와 공간을 출입할 수 있도록 인도하는 기능을 할 뿐만 아니라, 문을 통해 햇빛을 받아들이고 공기와 냄새를 순환시키며,[1] 문의 열린 틈새로 밖과 안을 응시하기도 하고 밖의 사람과 소통하기도 한다. 사람들은 문 앞에서 약속을 하고 문을 통해 탈출을 하며, 문을 통해 안으로 인도되지만 반면에 인도되는 강요도 받는다. 또한 문의 장식을 통해 다양한 인식을 하는데 현대의 문은 건물과 무관한 독립된 매체로서 광고와 교육적인 기능까지 제공한다.

각 종교는 전통적으로 저마다의 독특한 문의 형태를 구축해 왔다. 사람들은 종교건축물에서 가장 먼저 출입하게 되는 문의 체험을 통해 그 종교에 대한 선입견을 갖게 된다. 종교에 대한 바른 이해와 교육을 위해서라도 교회건축물뿐만 아니라 모든 종교의 종교건축물에서 문을 구축하는 것은 그만큼 중요하다. 교회 문은 교회

---

1 window는 'wind'에서 파생되었다는 설도 있다.

터의 외부와의 경계인 교회 담에 설치한 경계 출입문과 교회 건물에 설치한 본당 출입문, 그리고 전례(예전)와 기타 필요에 의해 내부공간을 구획한 문과 벽체에 있는 창문으로 구분할 수 있다. 교회 터에서 교회본당 내부로 진입하도록 장치된 출입문을 중심으로 전통적인 도상적(圖像的)인 의미를 살펴보려고 한다. 교회건축물과 밀접한 지역선교 및 교회론(敎會論)과의 상호 관계성 속에서 현대 교회에 있어 문의 신학적 개념과 그 형태가 어떻게 구축되어야 하는지를 살펴보려고 한다.

2. 장소성

종교현상학자 엘리아데(Eliade, Mircea, 1907~1986)의 '세계의 중심'은 특정한 장소와 공간을 우주의 중심으로 삼아 '우주 축(axis mundi)' 혹은 '우주의 기둥(universalis columna)'이라는 거룩한 상징이 된다.[2] 그리고 이것을 중심으로 방향성은 시작된다. 기독교 신자들은 에덴동산인 창조주 세계로의 회귀 욕망을 갖고 교회를 구축한다. 따라서 교회공간에서 동쪽은 낙원이며 이곳에 제단을 설치하고 이곳에서 행하는 예배를 통해 하나님께로 주기적인 회귀를 한다. 교회는 하나님의 집이며, 신자들이 이곳에 함께 모여 예배를 드리고 기도하는 처소이며 모세의 떨기나무 자리와 같은 거룩한 장소였다. 로마 가톨릭은 교황이 거하는 바티칸을 우주의 축으로 삼으며, 유대교는 예루살렘을, 이슬람은

---

2 M. Eliade, Willard Trask (trans), *The Sacred and the Profane, The Nature of Religion* (New York: Harcourt, Brace & World, 1959) 참조.

루터가 95개조문을 붙였던 비텐베르크 슐로스키르헤(성교회) 성당 문

메카를 그 축으로 삼는다. 예루살렘은 유대교인과 기독교인들에게 세상의 중심이다.[3] 중세기의 지도는 예루살렘이 항상 세계의 중심에 위치하고 있다.[4]

초기 기독교인들은 그들만의 예배 장소와 공간에 대해 특별히 상징적 의미를 부여해 왔다. 이들이 예배를 위한 피신처로서 카타콤이라는 지하 무덤을 선택한 것에는 '죽은 자'들을 이상화했던 고대 그리스·로마문화와도 깊은 관련이 있다.[5] 고대 영웅 숭배와 기독교의 순교자 숭배와의 유사성도 발견된다. 죽은 자를 영웅시하는 관습과 집안 조상을 사당에 모시는 관습, 죽은 자를 향해 드리는 종교제의와 죽은 날을 기념하고 기억하는 것, 각 종교들이 간직하고 있는 죽음의식과 무덤[6] 등, 이 모든 것은 살아 있는 자가 죽은 자와의 관계성을 구분 짓는 의식이다. 특히 기독교에서 순교자들에 대한 의식과 기념은 각별하다. 순교자 무덤 위에 제단을 세우고 교회를 축조하는 것이 초대교회의 장소성이기도 했다. 무덤은 기독교 부활신앙과도 밀접하다. 묘지는 죽은 자들이 잠들어 있는 신성한 공간이었으며 이들의 영혼을 부활과 영생으로 이끌 '교회의 품'이기도 했다.[7]

---

3 "세계는 인간의 눈동자와 같아서 흰자위는 대양이며 가운데 검은 수정체는 세상이다. 그 안의 동궁은 예루살렘이며, 그 동궁 안에 있는 이미지가 바로 사원이다." William Lethaby, *Architecture Mysticism & Myth*(Broughton, Gifford: Solos Press, 1994), p. 78.

4 Mircea Eliade, *Symbolism, The Sacred, and the Arts*(New York: The Crossroad Publ. co.,, 1985), 박규태 옮김, 『상징, 신성, 예술』(서울: 서광사, 1991), p. 194.

5 Peter Brown, *The Cult of the Saints: Its Rise and Function in Latin Christianity*(Chicago: The University of Chicago Press, 1981), p. 5.

6 고대인들은 죽음과 친숙했음에도 불구하고 죽은 자들이 돌아올 것을 염려해서 묘지를 숭배했다. 한편 죽은 자들은 불순한 존재이기 때문에 살아 있는 자를 오염시키거나 도시를 더럽혀서는 안 된다는 생각으로 묘지를 도시 밖에 두도록 하였다. Philippe Aries, 고선일 옮김, 『죽음 앞의 인간』(서울: 새물결, 2004), p. 84.

7 Philippe Aries, 위의 책, p. 105.

문의 기능

3.

건물 앞면(facade)을 사람의 얼굴로 상정할 때 대문은 입이며 창은 눈이 된다.[8] 이것은 비단 서양인만이 아니라 모든 세계인들이 건물을 이렇게 공통으로 경험하고 인식하는 상징이며 지각심리학자들의 견해이기도 하다.[9] 원시시대에는 집이면서 동시에 사원이던 자궁과 같은 집은 점차 거주공간과 사원으로 분리되었다. 고대부터 각 나라, 지역, 종교마다 건물의 문에는 저마다 지닌 의미를 부여하고 이를 상징하는 문 장식을 한다. 대체로 고대 문에는 태양을 상징하거나 건물 지킴이 상을 조각했다. 갈릴리에 있는 시리아인 무덤의 문 위 상인방에 있는 성스러운 금빛 포도덩굴과 십자가 문양은 비잔틴 교회장식에까지 이어진다.[10]

히브리 사람들은 회당만이 아니라 특정한 도시 자체를 지성소로 간주하기도 했다.[11] 구약의 열왕기상 7장을 보면 솔로몬이 궁을 건축하면서 문과 문설주를 네모꼴로 제작하고(5절) 본전 현관에 기둥을 세워(21절) 온갖 장식을 한 것을 서술하고 있다. 콘스탄티누스(Constantinus) 대제는 로마 시 전체를 교회로 상정하고 개

---

8 Steen Eiler Rasmussen, *Experiencing Architecture*(Cambridge: The MIT Press, 1995), p. 39.

9 원시인들은 그들의 주거공간인 동굴을 어머니의 자궁에 비유하고 문을 질로 생각했다. 점차 집이 지상으로 축조되면서 대문은 입이 되었고 벽체의 좌우 창은 두 개의 눈이었다. 그 눈을 통해 집 안에서 밖을 응시하고 관찰하였다. 이에 관한 대표적인 자료는 Olivier Marc, *Psychology of the House*(London: Thames and Hudson, 1977), pp. 12-13.

10 William Lethaby, *Architecture Mysticism & Myth*(Broughton: SOLOS Press, 1994), 'The Golden Gate of the Sun', pp. 146-167을 참조할 것.

11 "야훼 집에 가자할 때, 나는 몹시도 기뻤다. 우리는 벌써 왔다, 예루살렘아, 네 문 앞에 발걸음을 멈추었다."(시편 122:1-2)

선문을 그 출입문으로 삼고 그 문을 장식했다. 특히 로마의 디도의 문(The Arch of Titus)[12]은 솔로몬이 성안에 들어설 때의 위엄을 나타낸 황제 아치이다. 이러한 형태의 문들은 유럽 곳곳에 축조되었는데 파리의 개선문도 그 한 예이다. 로마제국은 콘스탄티누스 황제가 전쟁에서 승리하여 로마시민을 구한 기념으로 도시에 개선문을 세우고 여기에 구원의 문이라는 의미를 부여했다. 이러한 의미가 교회 문에도 붙여졌는데 자연스럽게 교회의 문은 구원의 문으로 상징되었다.

로마 바실리카(basilica) 건축형태에서 시작한 초대교회 건물의 기본적인 구조와 형태는 오늘날에도 교회평면의 기본구성으로 사용되고 있다. 모든 종교마다 건축에서 그들만의 방향성을 갖고 있다. 유대사원 건축방향에 따라서 초기 기독교 교회건축의 방향은 제대가 서쪽을 향해 있었다. 유스티니아누스(Justinianus) 대제에 이르러 예루살렘이 있는 동쪽을 향하게 된 것을 계기로 오늘날까지 교회제단은 동편에 정착하게 되었다.[13] 그 후 서방교회는 정방형의 돔(dome)이 있는 비잔틴(Byzantine)식 구조를 전례의 집전에 적절하도록 장방형의 로마네스크(Romanesque)와 고딕(Gothic) 형태로 변경하여 발전시켜 왔다. 서방교회의 출입문은 제대가 있는 동편을 마주하는 서쪽 벽면(facade)에 설치하였다. 고딕성당인 경우 서쪽 벽면 중앙부위에 대형 장미창(rose window)을 설치하고 그 주변을 이스라엘 왕들의 조각으로 장식하였다. 그리고 양쪽에는 탑을 세워 '하나는 마을의 종, 하

---

12 A.D. 70년경 로마 제국 베스파시안(Vespasian) 황제의 아들인 디도(Titus) 장군은 예루살렘 성을 함락시키고 성전을 불태운다. 그리고 로마에 돌아와서 승리의 개선행진을 벌였다.

13 William Lethaby, 위의 책, p. 63.

나는 교회의 종'[14]으로 사용하였다. 세 개의 출입문은 사도들과 지역의 교부들, 그리고 기타 고위 성직자들의 조상(彫像)으로 장식하여 기념하였다.

척근에는 신이 거하시는 거룩한 하나님의 집으로서의 건물 벽체를 투명한 유리벽으로 마감하지만, 교회 벽은 오랜 기간 두껍고 강한 물질의 불투명한 돌로 구축되었다. 벽은 세속적인 외부와의 차단이자 성스러운 공간의 경계이며 또 건물을 보호해야 했기 때문에 쉽게 무너질 수 없게 세워야 했다. 그 벽은 외부로부터의 보호이자 내부의 감금이며 동시에 금기이기도 했다. 문을 개폐할 수 있는 자가 곧 권력자였다. 열쇠의 소유 여부에 따라 사람은 자신이 외부로부터 보호를 받고 있는 것인지 감금당하고 있는 것인지를 가늠한다.[15] 문은 벽의 부분이며 동시에 독립된 매체이기도 하다. 1517년 루터(M. Luther)가 95개 조항을 매단 곳도 교회 문이었다.[16] 문을 통해 외부와, 그리고 내부와 다양한 소통을 할 때 문에서 벽의 기능은 해체된다. 동시에 '문은 장식이 되면 문의 존재를 잊게 한다.'[17] 건물의 문은 벽체의 부분으로서 내부를 규정하고 공간을 보호하지만, 문이 소멸되거나 파손되면 그것은 뚫린 벽일 뿐이다. 종교 간의 갈등으로 어느 종교가 다른 종교를 침범할 때는 그 종교건물을 사용할 수 없도록 문을 폐쇄하거나 태우기도 한다.

14 Darby Wood Betts, "Architectural Style", Darby Wood Betts (ed.), *Architecture and the Church: An Official Publication of the Joint Commission on Architecture and the Allied Arts*(Greenwich: The Seabury press, 1952), p. 21.

15 푸코(Michel Paul Foucault)의 저서들을 참조할 것.

16 루터(M. Luther)는 1515년 로마서 강해 도중 하나님 공의의 진리를 터득한 감격을 다음과 같이 기록했다. "나는 마치 내가 새로 태어난 것처럼 느꼈다. 그리고 '천국의 문'이 활짝 열린 것처럼 느꼈다."

17 Evelyne Pere-Christin, 김진화 역, 『벽』(서울: 눌와, 2007), p. 148.

문의 형태는 사람이 드나들고 물건을 옮길 수 있도록 기능적으로 수직적인 형태를 취한다. 개선문처럼 기념과 장식만 있고 공간이 없는 문이나 경계점이나 지표 기능을 위한 공공의 문은 벽체가 없어도 독립된 문으로서 그 기능을 다 한다. 현대 교회는 교회건물의 외관과 내부의 공공성을 담보하기 위해 누구나 출입할 수 있도록 개방적이며 미적인 문을 설치한다.

한편 문은 건물에 들어오는 자들에 대한 친절과 환영의 표지이며, 방향을 알리는 안내 표지이다. 백화점이나 레스토랑의 문은 주변 건물들의 문과 차별화하여 화려하고 위엄 있게 장식을 한다. 이곳을 출입하는 사람들은 특별한 환대를 받고 있는 것이며, 특정한 자들만 출입할 수 있는 건물이라는 느낌이 들도록 구축한다. 이러한 개념은 현대 교회의 문에까지 적용되어 선택받은 자

오사카 폴 가쿠인 대학 채플

만이 이 문을 출입할 수 있다는 것을 암시한다. 또 이 문을 들어오면 하나님의 백성으로, 구원받는 자로 선택받게 된다는 메시지도 전한다. 교회 문의 활짝 열린 문과 굳게 닫혀 있는 육중한 문을 볼 때의 경험은 다르며, 철문과 목문의 느낌이 다르고,

중세 고딕교회 문과 현대 교회의 유리문에 대한 체험도 다르다. "좁은 문으로 들어가거라"(마태오 7:13)와 "나는 양이 드나드는 문이다"(요 10:7), "누구든지 나를 거쳐서 들어오면 안전할뿐더러 마음대로 드나들며 좋은 풀을 먹을 수 있다"(요 10:9)라는 성서구절은 교회 본당 대문(porch)에 구원의 문이라는 '좁은 문'과, 환영과 파송이라는 '큰 문'의 두 가지 문 개념으로 성서적인 의미를 부여한다.

성서의 문

4.

1) 베델(Bethel)

구약성서의 문에 관한 기록 중에서[18] 창세기 28장 17절을 인용해 본다. 이 구절은 구원에 관한 유대교의 신학적 해석에 앞서서 종교학적으로 해석해 볼 수 있는 적당한 구절이다.[19] 야곱은 잠에서 깨어나 두려움에 사로잡혀 이렇게 외친다. "이 얼마나 두려운 곳인가, 여기가 바로 하느님/하나님의 집이요, 하늘 문(門)이로구나."(이하 『공동번역성서』 개정판) 그리고 야곱은 베고 자던 돌을 세워 석상을 삼고 그 위에 기름을 붓고 베델이라고 이름을 짓는다. 석상은 형상적인 문이 아니라 성스러운 장소와 공간이며, 하나님을 만난 바로 그 의미 있는 자리의 표지이며, 그 자리를 기억하려는 의도적인 시각적 기념물이다. 여기에는 장소와 공간을

---

18 사 26:20, 말 1:10, 즈가리야 11:1, 시 24:7, 9, 78:23, 84:10, 사 45:1-3.
19 기독교 교회의 건축은 신약 이후이므로 '신약의 문'에서 다룬다.

생 드니 성당 팀판

경계 짓는 물리적인 문과 벽은 없지만 이 석상은 야곱이 꿈을 꾸었던 성스러운 장소와 그 외부의 세속적인 장소를 구획한다. 석상은 하나님이 계시하셨던 곳이며, 외부와 내부를 물리적으로 분할하는 집이면서 동시에 외부와 내부가 소통하는 문이기도 하다. 이 석상은 피라미드(pyramid)이며 지구라트(ziggurat)이며 사원이며 교회이다.

2) 구원의 문(좁은 문)

신약성서에도 구약성서처럼 문에 관한 구절이 종종 나오는데[20] 그중 마태복

---

20 계 3:8, 4:1, 3:20, 마 25:10-12, 요 10:1, 2, 9.

음 7장 13~14절,[21] 혹은 누가복음 13장 24절은 '구원의 문'이 얼마나 좁은지에 관한 내용이다. 이 문은 사람들이 목표한 것을 성취해야 할 욕망을 충족해 가는 과정의 난관을 비유하여 흔히 사용히는 취업의 문, 진학의 문과 유사하다. 동시에 세속적이며 반윤리적인 악마로부터의 유혹을 뿌리쳐야만 들어갈 수 있는 마지막 관문이며, 예수 그리스도를 통하지 않고는 갈 수 없는 '구원의 문, 영생의 문, 생명의 문'[22]이다. 구원은 기독교 신앙과 신학에서 가장 중요한 주제이기도 하다. 중세교회와 비잔틴 교회 시기부터 '교회 현관에서 내부 제대에 이르는 길'은 '갈릴리에서 예루살렘을 거쳐 십자가에 달리는 예수의 일생'을 상징해왔다.[23]

교회의 문

5.

1) 시구문(屍軀門)

영국교회의 경우, 교회로 들어서는 첫 외부 경계는 리치 게이트(lych-gate)[24]로부터 시작한다. 이 이름을 직역하면 '지붕이 있는 시구문(corpse-gate)'인데, 불교 가람(伽藍)의 일주문(一柱門)처럼 교회 경내로 진입하는 첫 문이다. 이 문에는 십자가가 장식되어 있고

---

21 "좁은 문으로 들어가거라. 멸망에 이르는 문은 크고 그 길이 넓어서 그리로 가는 사람은 많지만 생명에 이르는 문은 좁고 또 그 길이 험해서 그리로 찾아드는 사람이 적다."(『공동번역성서』 개정판)

22 사탄의 유혹을 물리치는 초대 사막교부들과 성 안토니오의 신앙심, 앙드레 지드의 『좁은 문』은 알리사의 현세적인 욕구와 하나님에 대한 열정 사이에서 겪는 고뇌를 통해 하나님을 선택하는 결단을 통해 들어갈 수 있는 문이다.

23 Peter and Linda Murry, *The Oxford Companion to Christian Art and Architecture*(Oxford: Oxford University Press, 1998), p. 343.

24 이 문은 주로 17세기 초 이후 영국의 지역교회(parish church)에 설치되었다.

정동제일감리교회

그 내부는 걸터앉을 수 있도록 되어 있어서 시신을 들고 온 사람들이 잠시 쉴 수 있는 곳이다. 사제(목사)는 이 문에서 교회로 들어오는 시신을 받으며 죽은 자의 영혼을 하나님께 위탁하는 장례 예식을 집진한다. 예식 후에 시신은 교회의 성내(churchyard)에 묻히기도 했다. 또 이 문은 살아 있는 자들이 비를 피할 수 있는 피난처이기도 하다. 교회의 첫 문이 시구문인 것은 교회의 여러 기능 중에서 죽은 자들이 하나님께로 다가가는 관문의 역할을 한다는 상징적 의미로서 구원의 문이라고 할 수 있다. 이 첫 문은 교회의 여러 사명 중에 가장 처음의 사명이 죽은 자의 영혼을 하나님께로 인도하는 것임을 암시한다.

2) 구원의 문

건축가 슐츠(C. N. Schulz)는 교회 외관의 역사를 다음과 같이 정리하고 있다.

"초기 그리스도교 바실리카에서 입구는 세속적인 외부와 신성한 내부 사이의 대조(contrast)를 표현하는 듯이 작고 점잖았다. 그러나 중세성당의 문은 세계에 교회의 모습을 나타내기 위해 거대해지고 투명(transparent)해졌다."[25] '세계에 교회의 모습을 나타내기'라는 의미는 기독교 시대였던 중세의 정신을 드러낼 수 있는 가장 대표적인 것이 교회라는 의미이다. 교회 문의 변화는 곧 교회론이 변했음을 추정할 수 있다. 초기 기독교 교회의 문은 단지 성과 속을 구분하는 도구에 불과했다. 중세에 와서 교회의 문은 모든 시민들에게 하나님의 도성을 보여 주고 그 문은 이들을

---

[25] C. N. Schulz, *The Concept of Dwelling: On the Way to Figurative Architecture*, 이재훈 역, 『거주의 개념: 구상적 건축을 향하여』(서울: 태림문화사, 1995), p. 81.

그곳으로 인도하는 기능을 하는 도구로 변화했다. 한편 교회 문에 관한 원형은 시편 122편 1~4절을 들 수 있다.

주교(主教)는 교회건물을 축성하기 위해 내부로 들어서기 직전에 본당 문 앞에 서서 주교성장(聖杖, crosier)[26]을 들어 그 밑부분으로 문의 중앙을 세 번 때리며 안으로 들어가는 예식을 한다.[27] 교회는 하나님의 거룩한 말씀과 성사를 거행하는 장소로 성별되고(성공회),[28] 가톨릭교회는 '거룩한 전례를 거행하기 위한 집'으로 성별된다.[29] 이것이 전통적이며 보편적인 교회들의 오늘날의 교회개념이라고 할 수 있다. 공간이 성스러움으로 구분되고 보호받는 물리적 표지는 교회의 벽체이다. 그러나 성별된 공간이 세속과 소통하는 통로는 교회 문이라고 할 수 있다. 교회의 본당 문을 들어선다는 것은 세상을 떠나 하나님의 왕국으로 들어가는 것을 의미한다.

중세의 교회 본당 문은 육중했다. 본당의 가장 큰 기능은 사람들이 한자리에 함께 모여 기도하고 예배하는 집이지만 동시에 도망자들의 피난처며 은신처이기도 했다. 이들을 보호해 주기 위해서 교회 출입문은 육중해야 했고 시건(key) 장치

---

[26] 주교가 사용하는 목자 지팡이로서 주교의 지도력과 목회(사목)의 권위를 상징한다.

[27] 성당 축성 때 주교는 "성당 외부에 성수를 뿌린 후 성당 문 앞에 서서 성장으로 문을 세 번 두드리며 다음과 같이 말한다. 영생의 문이여, 활짝 열려라, 영광의 왕께서 들어가신다." 대한성공회 공도문 개정전문위원회, 『성공회 기도서 2004』(서울: 대한성공회 출판부, 2004), p. 419. 이 구절을 인용한 시편 24장 7절에는 '영생의 문이여 활짝 열려라'가 아니라 '오래된 문들아 일어서라'이다. 기도서는 위 시편을 성당 축성에 적절하게 개작한 것이다. 주교가 이 예식을 진행하며 성당 안으로 순행하는 동안 신자들은 시편 122편을 교독하는데 그 내용은 다음과 같다. "1. 주님 집을 가자 할 때, 나는 몹시도 기뻤다. 2. 우리는 벌써 왔다 예루살렘아, 네 문 앞에 발걸음을 멈추었다."

[28] 대한성공회 공도문 개정전문위원회, 위의 책, p. 419, '성당 순행식 예문'. 이것은 성공회의 교회본당의 기본개념이다.

[29] 가톨릭교회는 성당축성예식서에서 "볼 수 있는 건물인 이 집은 지상 여정에 있는 특수표지요, 천상교회의 모상이다… 하느님 백성이 모여 거룩한 전례를 거행하기 위한 집…"으로 규정하여 성공회의 교회 본당에 대한 개념과 다르지 않다. 김종수, 『성당건축과 전례』(서울: 가톨릭출판사, 1993), p. 16.

생 드니 성당

가 있어야 했다. 그리고 제단은 동쪽에 위치한 관계로 신자들은 교회건물의 남문이나 서문을 이용했다.

제단에서 바로 보이는 서쪽 문이 대문인데 평소에는 닫혀 있는 문이다. 이 문은 주일 대예배나 장례예식, 결혼예식과 같이 중요하거나 큰 의식이 있을 때만 열고 사람들은 평소 서쪽 대문 가까이의 현관(porch)에 있는 작은 남문을 이용했다. 간혹 남문과 같은 모양과 크기로 남문과 마주하는 북문을 내는 경우가 있는데 그 문을 '악마의 문'[30]이라고도 불렀다. 영국의 링컨 대성당의 문은 '천국의 문'으로서 입구 파사드 중앙에 큰 문을, 그 중앙 문의 좌우에 '좁은 문'을 설치하여 성서의 두 내용을 동시에 담아내고 있다. 중세의 생 드니(Saint-Denis) 수도원장 슈제(Abbot Suger, 1140)는 생 드니 성당의 서쪽 벽 출입문을 시(市)로 들어가는 대문으로 상정했으며,[31] 르네상스기의 건축가 알베르티(Alberti)는 교회 문을 로마의 개선문과 같은 개념으로 이해했다. 그리고 예배자들은 교회 문을 통해 하늘의 영광으로 들어가는 것이라고 믿었다.[32]

"나는 문이다. 누구든지 나를 거쳐서 들어오면 안전할뿐더러 마음대로 드나들며 좋은 풀을 먹을 수 있다."(요 10:9) 이 문은 '그리스도'이며 '길이요, 진리요, 생명'이다. 그래서 중세 서양의 교회 본당 출입문 위에 얹힌 상인방(上引枋, Linteau)

---

30 어린이가 영세를 받을 때 아이 안에 잠재해 있는 악령이 빠져나갈 수 있도록 북문을 열어놓았다. J. P. Hunt, *What to look for outside a church*(Loughborough: Wills & Hepworth Ltd., 1972), p. 36.

31 Otto von Simson, *The Gothic Cathedral*(New York: Pantheon Books, 1962), pp. 108-109.

32 R. Wittkower, *Architectural Principles in the Age of Humanism*(London: Alec Tiranti, 1962), pp. 37-38.

을 그리스도로 장식하거나 그 위의 팀파눔(Tympanum)은 최후의 심판 같은 내용을 부조(浮彫)하였다. 성당 문의 최후의 심판과 같은 부조 조각을 통해 성서내용을 교육하기도 했지만 이로 인해 문은 더 엄숙해졌으며 격조 있게 되었다.[33] 이 문은 광장이나 길에 접해 있는데 이 광장과 길은 구원을 향해 가는 여정의 미로이기도 하다. 미로는 길이면서 동시에 방향성이 없기에 길이 아니다. 교회는 이 미로에서 구원을 향해 가는 지표이며 쉼터이다. 사람들은 이 문(그리스도)은 '길'이며 이 길을 통해서 신앙공동체의 일원이 되어 '진리와 생명'으로 들어서게 되는 것이다. 이 문은 다른 문과 다르게 마음대로 드나들 수 있는 문이지만 이교도(異敎徒)를 배척하고 방어하는 문이며, 무서운 심판의 문이며, 한편 보호의 문이며, 동시에 세속과 천상을 연결하며 화해하는 문이다.

앞서 밝힌 것처럼 본당 문은 '구원과 환영과 파송'이라는 성서의 기본적 개념에, 문을 통한 다양한 사람들의 개별적인 '들어옴'이라는 '참여'를 통해 이들이 하나되는 의미를 더하고 있다.[34] 과거의 도시 자체가 성스러운 장소이며 교회였듯이 교회는 그 자체로서 세상과 통하는 문인 것이다.

3) 왕의 문, 영광의 문

동방교회(Orthodox Church)는 성당 내부공간에 제단과 회중석을 분절(分

---

[33] 임영방, 『중세미술과 도상』(서울: 서울대학교 출판부, 2006), p. 186.

[34] Marchita Mauck, *Shaping a House for the Church*(Chicago: Liturgy Training Publications, 1990), p. 40.

節)하기 위해 성화(聖畵)로 장식된 장막(Iconostasis)[35]을 세운다. 여기에 세 개의 문을 내어 성서에 나타나는 인물들을 그 중요도에 따라 그들의 아이콘의 위치를 정하고 설치한다. 중앙의 문은 '왕의 문(Royal Door)'이라고 하여 제단으로 연결되는 문으로 오직 사제만이 출입할 수 있는 문이며 하나님의 왕국으로 들어가는 문임을 상징한다. 이 문 위에는 예수의 사도들과의 최후의 만찬 성화가 위치한다. 회중석에서 볼 때 왼쪽 문은 북문(north door)으로 제대로 연결되고, 오른편은 남문(south door)으로 부제(副祭)들이 출입하는 문이다. 데살로니카의 성 시메온(St. Simeon of Thessalonica)은 '현관(narthex)은 지상(earth)과 교통하며, 교회는 천국으로 향하고 지성소(제단)는 천국 위를 향한다'[36]고 설명했다.

　　서방교회는 동방교회처럼 회중석에서 제단을 투시할 수 없도록 장막(Iconostasis)을 설치하지 않는다. 서방교회는 동방교회의 장막이 위치하는 바닥에 레일(rood screen)과 천장을 연결하는 아치(arch)를 부착하여 회중석과 개방된 문(chancel arch)을 설치한다. 회중석에서 제단에 이르는 중앙통로를 '구원의 길'이라 명하고 제단이 시작되는 곳에 설치한 문을 '승리의 문(영광의 문)'으로 상징한다. 이것은 예수 그리스도가 임재하는 제단이 곧 골고다이며 죽음의 권세를 이기고 부활로써 승리한 것을 상징한다.

---

35 iconostasis가 설치된 정확한 시기는 알 수 없지만 초대 비잔틴 교회부터 시작되어 16세기 중엽에는 성인들의 아이콘 위치가 더 세밀하게 정립되었다. iconostasis는 비단 교회 안에서뿐만 아니라 축소하여 접이식 개인 기도용으로도 생산되었다. Leonid Ouspensky and Vladimir Lossky, *The Meaning of Icons*(New York: St. Vladimir's Seminay Press, 1983), p. 60. 여기에 설치되는 신구약 성인들의 배치구도와 이에 관한 도상 해석들은 이 책을 참고할 것.

36 Leonid Ouspensky and Vladimir Lossky, 위의 책, pp. 60-66.

라벤나 성 비탈레 성당

교 회 건 축 의 이 해 ■
문

6. 응답의 문― 현대 교회의 문

현대 교회는 유럽의 중세 교회건축과는 다르며 그 양태는 매우 다양하다. 중세교회의 건축재료는 대체로 그 지역의 산물을 이용하였다. 그러나 현대 교회는 건축재료와 교통의 발달로 인해 다양한 재료를 용이하게 구입하여 사용한다. 상가 임대교회부터 시작하여 대형교회에 이르기까지 그 교회규모와 건축양식, 재료, 공간 구성도 다양하다. 특히 대형교회는 한 교회 터에 복합 기능건물들을 축조하고 그 전체를 '센터(center)'라고 명명하고 있다. 예배공간으로서의 교회는 단순히 '채플(chapel)'로서 센터 구성의 일부일 뿐이다. 채플 출입문의 재료도 개발된 건축재료만큼이나 다양하여 나무는 물론 동, 철, 알루미늄, 유리와 같은 재료도 거침없이 사용한다. 교회론을 기초로 하여 교회 문의 크기와 재료를 산정하는 것은 교회의 선교적 측면에서 합당하다. 그러나 본당의 규모와 건축재료, 색깔에 조화롭지 못한 문을 설치하는 것은 적절하지 못하다. '하늘나라에 들어가는 문은 좁다'는 성서의 단 한 구절만을 인용하여 본당과 어울리지 않게 작은 문만을 설치하는 경우, 그리고 지역사회의 정서와 무관하게 '선택된 하나님의 백성'이 출입하는 문이라는 개념으로 키치적이며 호화롭게 문을 장식하는 경우, 문에만 특별한 재료를 사용하는 경우는 모두 지양해야 한다. 교회 문의 상징성과 그 의미, 그리고 사회에 대한 그 시각적인 영향은 대단히 크다. 한 번쯤 누구나 들어가 보고 싶은 문이어야 한다. 현대에서 교회가 된다는 것은 '하나님의 부름과 그리고 위기에 처한 세상의 고통에 대한 기독교인들이 응답'[37]을 하는 것이라고 한다면 교회의 문은 중세적이며 도상학적인 교회 문의 개념 — 천국의 문, 좁은 문, 승리의 문, 왕의 문 — 을 극복한 '응답의 문'이어야 한다. 현대 교회의 문은 실천을 위해 세상으로 나아가는 세상을 향한 메시지여야만 한다.

끝말

7.

교회 문은 성과 속의 구획이면서, 소통할 수 있는 성과 속의 '사이'이며, 문지방처럼 외부이자 동시에 내부이다. 문은 본 건물과 독립된 그 자체로서 팀파눔과 같은 메시지를 전할 수 있는 매체이다. 동시에 형태와 재료, 색깔과 크기에 따라 본당과 무관한 독립된 매체이기도 하다.

---

37 Richard Giles, *Re-Pitching the Tent: the definitive guide to re-ordering church buildings for worship and mission*(Norwich: The Canterbury Press, 1996), p. 84.

중세교회의 육중한 문은 팀파눔의 '최후의 심판' 부조와 더불어 문맹하며 소심한 시민들에게 교회에 대한 경외심과 하나님에 대한 두려움을 주어 자신의 불신 앙과 죄를 되돌아볼 수 있도록 해주기에 충분했다. 오늘 현대 교회의 문을 디자인 할 때 서양 중세교회의 문처럼 전통적이며 도상학적인 의미를 충실히 재현해 낸다는 것이 어떤 의미가 있는 것일까. 또 이렇게 재현한 문이 중세교회 문만큼 현대 사회에 다양한 효과를 창출할 수 있을까? 교회의 본질은 불변한 것이라고 주장할지라도 나라와 지역의 정치·경제·문화적 상황과 시대적 요구에 따라 교회론은 새롭게 변화하고 생성해 가야 한다. 그리고 지역의 상황마다 교회론은 다양해야 한다. 이것에 따라 교회건축의 모양새와 공간구성도 다양하게 형성되는 것이다. 현대 교

로마 개선문

파리 노트르담 성당

회의 문은 중세기 교회론에 따라 설치된 고딕성당의 육중한 문이기보다는 본당 건물과 조화를 이루어야 하며 주변에 위화감을 주어서는 안 된다. 시민들의 시선을 자연스럽게 모으고 누구나 편히 들어와 영적 호기심으로 내부를 들여다보고 싶은 그런 문이어야 한다. 자신의 혼탁한 영혼을 정화하며 영적 욕망을 충족해줄 것 같은 문이어야 한다. 이 문을 나서면 세상을 섬기고 사랑해야 할 욕망에 사로잡힐 수 있는 측은지심의 문이어야 한다. 교회 내부의 다양한 문의 기능과 성격에 관계없이 교회의 외문은 피난을 위해 내부에 들어와 있는 약자를 보호해야 할 경우 외에는 의도적으로 잠가서는 안 된다. 교회론은 문에서부터 시작하기 때문이다.

각 종교는 전통적으로 저마다의 독특한 문의 형태를 구축해 왔다. 어느 종교 건축물이든 사람들은 가장 먼저 출입하게 되는 문의 체험을 통해 그 종교에 대한 선입견을 갖게 된다. 종교에 대한 바른 이해와 교육을 위해 비단 교회건축뿐만 아니라 모든 종교의 건축물에서 문을 어떻게 구축할 것인지는 그만큼 중요하다.

참고문헌

Aries Philippe, 고신일 옮김, 『죽음 앞의 인간』, 서울: 새물결, 2004.

Betts Darby Wood, "Architectural Style", Darby Wood Betts ed., *Architecture and the Church: An Official Publication of the Joint Commission on Architecture and the Allied Arts*, Greenwich: The Seabury press, 1952.

Brown Peter, *The Cult of the Saints: Its Rise and Function in Latin Christianity*, Chicago: The University of Chicago Press, 1981.

Eliade Mircea, Trask, Willard (trans), *The Sacred and the Profane, The Nature of Religion*, New York: Harcourt, Brace & World, 1959.

Eliade Mircea, *Symbolism, The Sacred, and the Arts*, New York: The Crossroad Publ. co. 1985. 박규태 옮김, 『상징, 신성, 예술』, 서울: 서광사, 1991.

Giles Richard, *Re-Pitching the Tent: the definitive guide to re-ordering church buildings for worship and mission, Norwich*: The Canterbury Press, 1996.

Gilloch Graeme, *Myth & Metropolis*, 노명우 역, 『발터 벤야민과 메트로폴리스』, 서울: 효형출판, 2005.

Hunt J. P., *What to look for outside a church*, Loughborough: Wills & Hepworth Ltd., 1972.

Lethaby William, *Architecture Mysticism & Myth*, Broughton Gifford: Solos Press, 1994.

Marc Olivier, *Psychology of the House*, London: Thames and Hudson, 1977.

Mauck Marchita, *Shaping a House for the Church*, Chicago: Liturgy Training Publications, 1990.

Murry Peter and Linda, *The Oxford Companion to Christian Art and Architecture*, Oxford: Oxford University Press, 1998.

Ouspensky Leonid and Lossky, Vladimir. *The Meaning of Icons*, New York: St. Vladimir's Seminay Press, 1983.

Pere-Christin Evelyne, 김진화 역, 『벽』, 서울: 눌와, 2007.

Rasmussen Steen Eiler, *Experiencing Architecture*, Cambridge: The MIT Press, 1995.

Schulz C. N., *The Concept of Dwelling: On the Way to Figurative Architecture*, 이재훈 역, 『거주의 개념: 구상적 건축을 향하여』, 서울: 태림문화사, 1995.

Shannon Kelly, "Place as Resistance: Landscape Urbanism in Europe", Charles Waldheim ed., *The Landscape Urbanism Reader*: 켈리 섀넌, "저항으로서의 장소: 유럽의 랜드스케이프 어바니즘", 김영민 역, 『랜드스케이프 어바니즘』, 파주: 도서출판 조경, 2008.

Von Simson Otto, *The Gothic Cathedral*, New York: Pantheon Books, 1962.

Wittkower R., *Architectural Principles in the Age of Humanism*, London: Alec Tiranti, 1962.
김종수, 『성당건축과 전례』, 서울: 가톨릭출판사, 1993.
대한성공회 공도문 개정전문위원회, 『성공회 기도서 2004』, 서울: 대한성공회 출판부, 2004.
임영방, 『중세미술과 도상』, 서울: 서울대학교 출판부, 2006.

03

통로

통로

머리말

1.

벽은 공간을 형성하기 위해 세워지고, 통로는 공간을 분할하면서 형성된다. 일반적인 건축에서 공간 분할의 순서는 다음과 같다. 우선 대동맥 같은 큰 통로를 세우고, 공간을 효율적으로 활용할 의도에서 세부공간을 구축한 후에 정맥 같은 작은 통로가 형성된다. 건축가 지오 폰티(Gio Ponti)는 종교건축이란 건축의 문제가 아니라 신앙의 문제라고 지적했다.[1] 그러나 교회를 건축할 때 건축가, 목회자, 신자 모두 건축의 다른 구성요소들에 비해 통로에 관하여 신앙적 혹은 신학적으로 별 관심을 갖지 않았다. 교회건축에서의 통로는 일반 상업건축에서의 통로의 기능성을 넘어 그 상징성과 신학적 의미가 다르고 깊다. 성서에는 통로에 관한 상세한 기록은 없지만 넓은 의미에서 길에 관한 기록은 다수 있다. 그중에서 "나는 길이요, 진리요, 생명이다. 나를 거치지 않고서는 아무도 아버지께 갈 수 없다"(요 16:6)는 성서구절은 교회건축에서 통로에 관한 성서적 조명의 일차 텍스트라고 할 수 있다. 또 사울은 다마스쿠스로 가는 '도상'에서 주님을 만나는 체험을 하고 변화한다(행 9장).

이 논문의 범주와 목적은 다음과 같다. 전통적인 서양 교회건축의 평면은 동방교회의 중앙집중식인 정방형과 서방교회의 장방형으로 구분한다. 이 논문은 첫

---

[1] 지오 폰티, 김원 옮김, 『건축예찬』(서울: 열화당, 1993), p. 258.

째, 전통적인 장방형 형태에서 나타나는 통로를 중심으로 살펴보려고 한다.[2] 유럽 가톨릭의 교회공간에서 전통적인 전례에 필요한 기본요소인 제대, 설교대, 세례대에 관한 연구 각론(各論)[3]들은 많다. 하지만 내부공간에 관한 연구에서 특히 통로에 관한 전문연구 논문은 전 세계적으로 전무하다. 본당 건물이 위치한 환경과 내부공간의 가구 배치에 따라 자연스럽게 통로가 형성된 공간이든, 다른 것보다 통로를 우선 의도하여 구축한 공간이든, 통로 없는 공간은 그 기능을 효율적으로 발휘할 수 없다. 교회 경내 본당 건물 밖 통로는 내부 예배공간에 비해 더 공적 공간의 특성을 지님에도 불구하고 통로는 학자들에게 연구의 대상으로 크게 관심이나 흥미를 준 분야는 아니었다.

둘째, 이 논문의 목적은 교회 본당(本堂)이 있는 교회 경내(境內)에서 본당으로 진입하는 통로와 본당 공간 안에 구축된 통로에 관한 신학적 의미를 조명하는 것이다. 개신교회는 전례 중심인 가톨릭이나 성공회와 달리 말씀 중심으로 구성된 예배 특성을 갖는다. 그로 인해 교회건축을 성례전적 혹은 신학적으로 구축하는 데 소극적이다. 그래도 전례적인 교회의 예를 통해 통로에 대한 신학적 의미를 새롭게 인식해 보려는 것이다. 최근에는 좁은 교회 터와 건축술의 발달로 인해 도로에서 직접 본당으로 진입함으로써 경내 통로를 생략한 교회건물을 축조하고 있다. 그

---

2 독일복음교회도 1861년에 채택한 아이제나흐 지침(Eisenach Directive)의 16조에서 "그리스도 교회건축의 권위는 역사적으로 발전해 온 교회건축양식과 연결되어야 한다. 그리고 기본적인 형태로 장방형의 고딕 또는 초기 바실리카와 로마네스크를 권장한다"라고 밝히고 있다. 김정신, 『유럽현대 교회건축』(서울: 가톨릭출판사, 2004), pp. 28-29.

3 이 세 가지 구성에 관한 대표적인 서적으로는 Marchita Mauck, *Shaping a House for the Church*(Chicago: Liturgy Training Publications, 1990)와 특별히 세례대에 관한 것으로는 Regina Kuenn, *A Place for Baptism*(Chicago: Liturgy Training Publications, 1992)이 있다. 성 가구와 전례에 관한 서적은 대체로 가톨릭 계열이다.

럼에도 불구하고 지리 환경과 경제적인 이유로 인하여 자칫 경시될 수 있는 교회 경내에서 본당 제단까지 이르는 동선(動線), 통로에 대한 의미를 밝혀 보려고 한다. 이는 그동안 교회공동체가 무심했던 통로에 대한 신학적인 의미를 인식하도록 하기 위한 것이다. 전례적 측면에서 통로의 중요성을 알리려는 것은 교회를 개축 혹은 신축할 때 예배학자와 목회자, 건축가에게 도움을 주려는 것이다.

통로

2.

넓은 의미에서 종교란 엘리아데가 주장하는 통과의례적인 구조 틀에서 속(俗)스러움이 성(聖)스러움을 추구해 가는 일체의 과정과 형태라고 할 수 있다. 종교 안에는 종교행위가 일어나는 장소, 성과 속을 연결하는 우주 축과 제의의 방향성, 그리고 그림이나 색, 기호를 포함한 다양한 상징성이 있다. 또 종교란 고대부터 인간이 지혜를 모아온 영적 문화 행태라고도 할 수 있다. 인간은 그 내면에 내세에 대한 기대와 더불어 신과 합일하고자 하는 욕망이 있다. 종교는 이러한 인간의 영적 욕망을 충족시킬 수 있도록 돕기 위해 경전과 예배의식, 그 밖에 다양한 장치를 마련하여 제공한다. 가톨릭이나 성공회의 사제는 '주님께 언제나 어디서나(always and everywhere) 감사와 찬양을 드림은 마땅하고 옳은 일'이라는 감사성찬례 예식문에 따라 예전을 집행한다. 예배를 드리는 시간과 장소는 언제나 어디서나 드리는 것이 기본이지만, 모든 종교는 종파, 교단, 교파에 따라 신앙체계와 교리를 갖추고 신도들이 일정한 시간에 한곳에 모여 예배할 처소를 마련한다. 국내에서는 그러한 종교건축물을 불교는 불당(사찰, 가람), 기

오사카 빛의 교회

독교는 교회(성당), 이슬람은 사원(모스크)이라는 용어로 사용한다. 모든 종교는 믿는 신과 교리, 예배형식이 서로 다르기 때문에 그 나름의 예배 처소로서의 건축물을 구축하고 있다. 특히 기독교 공동체는 언제나 시간과 장소에 바탕을 두기 때문에,[4] 예배를 드리러 오는 사람은 누구라도 어떤 형태, 즉 어떤 동선의 통로를 거치지 않고서는 예배공간에 들어올 수 없는 것이다. 신자들은 신의 은총을 체감하기 위해 주기적으로 교회에 와서 스스로를 정화하고 성화하는 과정에서 극기와 기도, 회개와 같은 다양한 방법으로 수신하고, 세상에 대한 섬김을 통해 자신의 영적 욕망을 채우고 확장해 간다.

　　개신교를 포함한 서방교회의 전통적인 건축양식은 오늘날까지 장방형이 주류를 이루고 있다. 초기 기독교 교회건축양식이었던 바실리카 공간에는 하나의 중심만 있고, 사람의 통행을 위한 통로 기능은 없었다.[5] 그 후 공간적인 혁명은 교회 내부의 통로로부터 모든 요소의 질서가 잡히기 시작한 것이다.[6] 이러한 전통이 형성된 것은 긴 세월 서방교회의 전례(예배)를 집행하는 데 적절했기 때문이며 그 전례가 크게 변화하지 않았기 때문이라고 할 수 있다. 현대 교회건축에서는 탈전통을 하여 원형이나 정방형 같은 다양한 양태의 건축이 구축되고 있다. 모든 건축물에는 그것을 사용하기 위해 진입할 수 있는 길이 있어야 한다. 건축 내부에도 공간과

---

4 루이스 웨일, 김진섭 옮김, 『전례신학』(서울: 대한성공회 선교교육원, 2006), p. 63.

5 교회건축에서 통로가 확장되는 동기는 급격히 증가한 순례자들이 교회를 순례할 때 이들을 분산시키기 위한 것이 큰 목적이었다. 이것이 로마네스크 양식이다.

6 브루노 제비, 강혁 편역, 『공간으로서의 건축』(서울: 지문사, 1989), p. 88. "기독교 건축가는 장방형 공간의 바실리카 공간 양 끝 두 곳의 반구형 앱스(apse) 중에서 입구의 한쪽 앱스를 제거하고 세로축만 남겨서 사람의 통행을 위한 직선적 통로를 구축했다. 기독교 세계는 인간의 동적인 특성을 고양시켰는데 그것은 예배공간을 인간을 위한 공간으로 새롭게 창출한 변혁이라고 할 수 있다."

공간 사이를 잇는 통로가 있게 마련이다. 길은 만남과 상호 소통의 중요한 공간이다. 한 사회에서 일정한 질서유지와 필요에 의해 규정한 일방통로(一方通路)[7]가 아닌 한, 모든 길은 쌍방적이며 교차적이다. 통로는 소통의 공간으로서 한 선상에서 한쪽이라도 막히거나 닫힌 것은 통로가 아닌 닫힌 공간일 뿐이다. 통로에서 사람들은 행인과 마주치고, 서로를 관찰하며 인사(소통)하고, 누군가를 만나고 기다리며, 목적지를 향해 이동한다. 통로는 건물과 건물 사이에 자연스럽게 형성된 작은 골목일 수도 있고, 이동을 위해 인위적으로 만든 작은 길일 수도 있다. 또한 일정한 경내에서 한 건물로 진입하는 길일 수도 있고, 한 건물 공간에서 다른 공간으로 이동하는 동선일 수도 있다. 모든 통로는 소통과 목적을 성취하기 위한 이동의 방향성이 있으며, 방향성이 상실된 통로는 미로이다. 한편 통로에서 주변의 상황, 사물, 색깔, 공기, 온도, 습도, 냄새를 감각하며 상념하고 무념한다. 통로는 특정한 공간에서 이동과 소통의 공간으로서 길보다는 작은 공간을 통칭한다.

3. 통로의 기능

1) 외부 통로

외부에서 본 건물로 진입하는 통로의 가장 큰 기능은 날씨에 따라 건물 주변 땅의 오염물들이 신 바닥에 붙어 건물 안으로 들어오는 것을 막기 위함이라고

---

[7] 통로라는 용어를 사용하는 범주는 넓다. 건축법 규정에 따라 집을 건축하기 위해 최소 마련해야 할 폭 4미터의 도로보다는 작은 길을 의미한다. 사람과 모든 생물들의 의사소통 매체로서의 통로, 상하수도, 종교에서 흔히 사용하는 위에서 내려오는 일방적인 '축복의 통로'에도 사용한다.

성공회 서울대성당

교 회 건 축 의 이 해 ▪
통로

할 수 있다. 최근에는 통로의 길이를 적절하게 만들고 그 위에 지붕을 대어 통행인들을 눈비로부터 보호한다. 또 통로의 바닥을 포장하여 신에 붙은 오염물을 털어낼 수 있는 장치를 설비하고 있다. 교회건축물이 평지보다 높은 곳에 축조되었다면 경내에 경사로나 계단, 혹은 엘리베이터나 에스컬레이터를 설치한다. 예배를 드리기 위해 경내 초입에서 본당까지 향해 가는 방법도 교회에 따라 다양하다. 평지를 걷거나 계단을 오르고 엘리베이터 혹은 에스컬레이터를 이용한다. 현대는 단순히 이러한 통로의 기능을 넘어 통로의 동선을 확장하여 그 주변을 조경하고 벤치를 놓아 사람들이 사색하고 담소할 수 있는 다양한 쉼터의 기능을 부가하고 있는 경우도 늘고 있다.

　　교회 본당에 이르는 통로의 동선은 예배를 드리기 전에 신자들이 몸과 마음 (영성)을 준비하는 공간이기도 하다. 그래서 통로는 소홀하게 설치되어서는 안 된다. 가톨릭교회는 경내 외부 통로에 14처[8]나 마리아 상을 세워 이 통로를 지나는 사람들의 영성을 가다듬도록 돕는다. 계단은 힘이나 권위를 드러내는 수단으로도 설치된다.[9] 어느 교회는 본당에 이르는 통로를 의도적으로 경사지게 설치하여 예수 그리스도가 골고다를 향해 오르는 분위기를 창출한다. 통로바닥은 거친 자갈일 수도 있고 계단일 수도 있다. 그 바닥의 재질과 경사도, 통로 벽면의 장식에 따라 통행하는 사람들이 느끼는 종교적 감성은 다를 수밖에 없다. 잡담을 하다가도 이 통로

---

8 '십자가의 길'이라고도 하며 마가복음 14:26-15:22에 이르는 예수의 공생애 가운데 마지막 여정으로서 '고통의 길'이라고도 한다.
9 에블린 페레 크리스탱, 김진화 옮김, 『계단: 건축의 변주』(서울: 눌와, 2007), p. 128. 전통적으로 교회 안에서 설교대, 제대는 회중석보다 높은 위치에 놓아 권위를 부여하고 있다.

를 들어서는 순간 침묵하게 되며 주님과 소통할 수 있다. 예배는 통로를 들어서는 순간부터 시작되는 것이다. 엘리베이터는 이것을 이용하기 원하는 노약자들만을 위해 작동되어야 한다. 본당을 향한 경사로는 순례자의 길과도 같기 때문이다. 다수의 현대인들이 몸이 편한 것을 원할지라도, 교회는 의도적으로 통로를 불편하게 설치해야 할 신학적 이유가 있는 것이다. 다마스쿠스 도상에서 변화를 체험하였던 사울처럼 이 통로는 신자들의 크고 작은 변화를 유도할 수 있어야 한다. 전례 중심의 교회에서는 수난주일이나 종려주일에 회중이 전례 집전자들과 함께 교회 경내를 순행한다. 가끔 결혼식을 위해 신랑, 신부가 경내에서 본당 입구까지 순행하고, 현관에서 잠시 머물렀다가, 본당 중앙통로를 통해 제단 앞까지 순행한다. 서품식과 같은 행사 때도 교구 사제들은 교구장(敎區長)이 목자(牧者)로서 교구 성직단 행렬의 가장 뒤에 서고, 순행 십자가를 앞세우고, 성직 서열이 낮은 순으로 앞에 서서 순행한다. 이 순행은 교구성직자들의 유대감과 질서를 준다. 한편 이러한 순행은 이를 바라보는 신자들에게 성직자들에 대한 거리감을 제공하게 됨으로써 성직에 대한 권위를 고양시키기도 한다. 장례 때도 시신은 경내에서 본당 입구까지 운구되며, 유족과 친지는 그 뒤를 따라 순행한다. 오래된 서양교회는 교회 뒤편 무덤으로 이어지는 통로를 갖고 있다. 통로는 본당에 진입하기 전에 몸과 마음을 가지런히 할 수 있도록 준비하는 길이다. 통로 주변에 적절한 꽃과 나무를 심고 음악이 흐르게 함으로써 통행인들의 시각, 후각, 청각을 통해 그들의 자아를 깨워 걸으며 기도

하는 길이 될 수 있어야 한다. [10] [11]

2) 내부 통로

교회 경내에서 본당에 이르는 통로는 마당 자체가 통로가 되어 문으로 연결되는 경우와[12] 평지 바닥에 돌이나 나무, 벽돌로 본당 문에 이르도록 한 통로, 그리고 본당 문을 향한 경사로(ramp), 혹은 계단식 통로[13] 등이 있다. 통로의 형태와 동선은 교회 터의 형상과 교회 본당이 자리하는 위치에 따라 설계된다. 현관을 넓힘으로써 예배를 마치고 흩어지는 교인들을 분산시켜 제한된 출입문으로 혼잡하지 않게 출입할 수 있도록 하는 기능도 하게 된다. 통로는 흩어진 사람들이 일정한 방향을 향해 갈 때 이들을 모아 주는 기능도 한다.

초대교회의 바실리카 양식은 교회 본당에 이르는 동선에 관심을 갖기보다, 교회 내부에서 회중석으로 연결되는 현관과 같은 회랑(narthex)을 더 중요시했다. 당시에 세례를 받지 않은 사람들은 본당 안으로 출입할 수 없었기 때문에, 현관은 세례를 받으려고 준비하는 사람들과 회개하려는 사람들이 본당 안에 들어올 수 있는 유일한 공간이었다.

---

10 David McNorgan, *Preparing the Environment for Worship*(Collegeville: The Liturgical Press, 1997), pp. 18-21.

11 외부 통로의 디자인과 조경에 관한 것은 이 책을 참고할 것. Richard Giles, *Re-Pitching the Tent: the definitive guide to re-ordering church buildings for worship and mission*(Norwich: Canterbury Press, 2004), pp. 218-220.

12 서울 중구 정동감리교회 등.

13 서울 경동교회(한국기독교장로회교단), 서울 명동 가톨릭 주교좌교회 등.

신촌중앙성결교회 로비

　　로마네스크와 고딕 양식에 이르러, 교회 통로는 신자들이 본당으로 진입하는 외부 통로보다 본당 외벽에 첨가한 성직자들이 산책하고 쉬며 명상할 수 있는 통로(cloister)가 발달하게 되었다. 주랑의 기둥 사이에 벽을 세워 일정한 통로(cloister) 외에는 일반 신자들의 출입이 금지된 통로로서 성직자나 수도자들만을 위한 폐쇄적인 중정(정원)을 발달시켰다. 이것은 중세교회가 성직자 중심의 교회였음을 의미한다. 이러한 외부 중정과 통로의 발달은 그 지역의 기후에 따른다. 유럽 기후에서는 열린 중정과 통로로 발달하였으며, 스칸디나비아같이 추운 지역에서는 중정이 없거나 외부 통로는 크게 발달하지 않았다.[14] 동시에 이러한 중정과 그 통로는 여백의 공간이

---

14 신전과 교회는 비록 그 기능이 다르지만 지중해 지역의 그리스의 신전들은 벽체가 없으며 가옥을 포함한 모든 건축물에는

다.[15] 중세 로마네스크 교회건축물은 순례자들의 번잡함으로 인해 예배가 방해받는 것을 줄이기 위해 교회 내부에 회랑(통로)을 다양하게 장치하였다. 그리고 다수의 작은 방사형 채플들을 회랑을 따라 마련하여 순례자들을 분산시켜 그들의 예배와 순례를 도왔다. 중세교회를 통로라는 측면에서 보면, 교회건축의 평면구조는 무엇보다도 성직자들과 순례자들을 위한 기능을 충족시키기 위해 고안된 것이라고 할 수 있다. 특히 동편 제단을 향해 중앙 통로를 거닐면, 좌우 벽체와 회중석을 분절하는 기둥 사이에서 통로를 형성하는 아케이드 반원형 열주는 일정한 리듬을 형성하여 걷는 이에게 안정감을 준다. 전례를 집전하는 공간이 신자들에게 미치는 영향을 고려할 때, 통로는 단순히 통행하는 길로서의 기능을 넘어 또 다른 기능을 한다.

14세기 전까지는 회중석에 의자가 없었기 때문에, 공간 자체가 통로와 같은 이동 공간이기도 했다.[16] 이 중앙통로는 목회자(사제)가 예배를 위해 순행을 하는 동선인데, 이 순행의 동선은 회중석의 배치에 따른다.[17] 전례교회에서는 회랑에 서서 복음을 낭독하는 공간이기도 하다. 예배 집전자들이 순행할 때와 담당자가 복음을 읽기 바로 전에는 모든 교인들이 회중석에서 일어나 노래를 하기도 한다. 교회절기에 따라 제단 앞 통로는 퍼포먼스의 공간이며, 세례를 받으러 나오는 사람들이 다

개방된 발코니와 아케이드가 발달하였다.

15 이정구, 『한국교회건축과 기독교미술탐사』(서울: 동연, 2009), p. 56.

16 James F. White & Susan J. White, *Church Architecture: Building and Renovating for Christian Worship*(Akron: OSL Publications, 1998), p. 11.

17 National Conference of Catholic Bishops, Bishop's Committee on the Liturgy, *Environment & Art in Catholic Worship*(Chicago: Liturgy Training Publications, 1993), Chap. 4. No. 59.

시 태어나는 '중생의 공간'이기도 하다. 예배를 주로 전례음악으로 진행하는 고교회(High Church)[18]의 경우, 집전자들의 순행(巡行)과 복음 전의 시간은 예배 전에 말씀을 듣기 위해 준비하는 엄숙한 시간이다. 순행하는 동안 신자들은 노래와 시각으로 동참한다. 그러나 이 행위는 '구경'(예배 '보러' 간다)으로서의 참여라고 할 수 있다. 그러나 회중석에서의 단순한 구경은 방관자로서 비판을 받지만, 공동체와 더불어 노래하며 동시에 바라보는 집전자들의 순행을 구경하는 행위는 참여자(신자)들의 종교적인 정서의 밀도를 높임으로써 예배 분위기를 한층 고양시킨다.

3) 임대 교회[19]의 통로

한국 교회는 수적으로 상가건물에 교회공간을 구축한 개척교회와 같은 소규모 형태가 대다수이다. 이런 경우 교회 통로는 상가로 진입하는 대로변과 상가에 진입한 후 교회까지 오르는 계단이다. 이 동선도 다른 업종의 공간과 공유하는 통로이기 때문에 교회 전용 통로를 구비하거나 장식하기란 쉽지 않다. 이 경우에는 공간을 공유하고 있는 다른 사람들과 협의하여 계단과 벽을 아름답게 꾸며 이곳을 통행하는 사람들에게 간접적인 선교적 효과를 꾀할 수 있다. 그리고 계절에 따라[20] 그 장식을 자연스럽게 교체할 때 복음의 메시지도 함께 전할 수 있다. 다양한 사람들이 오

---

18 집전자가 제의를 입고 유향과 음악을 주로 사용하는 전통적인 서양 중세의 가톨릭 감사성찬례를 일컫는다. 건축은 대체로 고딕 혹은 네오고딕 양식이며 성공회 안에서도 가톨릭 전례에 가까운 교회를 고교회(High Church)라고 한다.
19 여기에서 임대교회라 함은 자가소유 건물일지라도 상가건물 안에 교회공간을 구축한 개척교회와 같은 소규모 교회를 의미한다.
20 성탄장식 같은 경우는 특정 종교색을 넘어 이미 일반화되었기 때문에 큰 무리가 없을 것이다.

르내리는 계단 통로는 제한된 교회공간에서 마주치는 사람들의 수보다 많다. 이 점을 활용하면 계단과 복도 통로에서 번잡하지 않은 전례행위[21]를 할 수 있으며, 이 상가를 이용하는 사람들에게 종교적인 볼거리를 제공해 줄 수 있다. 성탄절에 로비나 계단 통로에서 이웃들과 함께 캐럴(carol)을 부르는 것을 기획하고, 어려운 이웃을 위한 모금을 해도 좋다. 그 구경과 참여가 주변인들에게 미치는 영향은 크다. 이러한 상업공간에서 영적인 통로, 영적인 공간을 구축하는 것은 매우 중요하다.[22] 화분을 놓고 작은 의자라도 비치할 수 있을 만한 넓이의 통로라면 그 공간을 쉼터로 제공할 수 있다. 또 통로에 컴퓨터나 다양한 서적들을 비치해 놓음으로써 작은 도서관의 기능도 할 수 있다. 다양한 사람들이 출입하는 상가건물일수록 일정 폐쇄적인 기성 교회들보다 그 공공성[23]과 개방성은 크며, 그 선교적 기능과 범주는 넓은 것이다.

4) 통로의 확장

교회건축에서 내부 통로의 확장은 출입구 현관에서부터 본당 문 사이의 공간 (narthex, entrance hall, porch)이다. 최근 모든 신축건물들은 이 공간을 최대한 넓혀가며 시민들에게 개방하고 다용도 공간으로 활용하고 있다. 좁은 출입문에서 본당으로 진입하는 공간을 확보함으로써 다수의 통행자들을 분산시킬 수 있다. 또 이 공

---

[21] 소수의 성가대원이 아래 계단부터 한 줄로 서서 성가나 찬송가, 복음성가가 아닐지라도 노래를 부르거나 연주할 수 있으며 이 계단을 환영의 통로로 기획할 수 있을 것이다.

[22] 공간을 문화(교육)공간, 상업(산업)공간, 거주공간, 영적공간 등으로 대분한다면, 그 어느 공간보다도 사람들의 왕래가 많은 복잡한 상업공간 안에 쉼터와 같은 영적공간이 구축되는 것은 좋은 것이다.

[23] 신학에서의 공공성 문제는 손규태, 『하나님나라와 공공성』(서울: 대한기독교서회, 2010)을 참조할 것.

사르트르 성당 바닥 미로문양

간을 쉼터나 찻집, 전시장, 소품이나 소책자 판매 공간으로도 활용하고 있다. 그러나 교회에서는 이 공간이 지나치게 상업적이거나 전도적인 용도로만 사용되는 것은 지양해야 한다. 지역인들도 이 공간에 자연스럽게 드나들 수 있는 쉼터이자 친교의 개방된 공간이어야 한다. 이 공간은 교회 내부에 진입하여 본당 공간에 들어가기 전의 완충적인 공간이기도 하다. 건축가 승효상은 '가짐보다 쓰임이 더 중요하고, 더함보다는 나눔이 더 중요하며, 채움보다는 비움이 더 중요하다'는 것으로 그의 빈자의 미학을 설명한다.[24] 교회가 이 공간을 비울 수 있다면 색유리로 찬란한 본당 내부나 측랑에 대비하여 통로가 확장된 이 절제된 빈 공간에서 침묵할 수 있을 것이다.

교회건물을 신축할 경우에는 디즈니랜드나 놀이동산처럼 교회 부지의 형태에 따라 교회건축을 신학적으로 스토리텔링(서사)하여 거룩한 장소로 구축할 수 있

---

24 승효상, 『빈자의 미학』(서울: 미건사, 1996), p. 65.

다. 이에 따라 교회 경내에 통로를 확장해 갈 수 있다. 최근 교회건물 내부공간까지 개방을 확대하지는 못할지라도 공공성이나 개방성을 통로에서 구현하려는 건물들도 늘고 있는 추세이다. 외부 통로를 마련할 수 없어 대로변에서 바로 연결되는 현대 도시의 빌딩은 출입문 내부공간을 개방하는 경우도 있다. 이와 환경이 유사한 현대 교회건물도 평일에 본당 내부는 개방하지 않더라도 현관을 개방하여 찻집 (cafe)이나 소규모 미술관(gallery) 등을 경영하기도 하고, 그곳에 신앙서적을 비치하여 선교 전략으로 지역주민에게 개방하기도 한다.[25] 콘스탄티누스(Constantinus) 대제는 개선문을 출입문으로 삼고 로마 시를 지성소로 삼아, 로마제국에서의 시내 골목을 교회의 통로처럼 확장하였다.[26]

4. 통로의 신학적 의미

1) 소통

모든 길은 목적지를 향한 방향성이 있다. 방향이 없거나 모호한 길은 닫힌 공간이며 미로이다. 교회에서 회랑을 포함한 모든 통로는 방향이 있는데, 서양 교회건축의 도상학적 전통에 따르는 교회라면 동쪽에 자리한 제단으로 연결된다. 교회건물 자체를 하나의 성구(聖具)이며 하나님 백성의 집으로 볼 때, 교회공간

25 서울 강남구 일원동 밀알교회(대한예수교 장로회 교단).

26 Marchita Mauck, *Shaping a House for the Church*(Chicago: Liturgy Training Publications, 1990), p. 26.

에서의 통로는 그리스도를 향한 여정에서 자신의 영혼, 백성들 상호 간, 성인들, 죽은 영혼들과의 소통의 매체이다. 통로는 지체함 없이 지나가야만 하는 길이 아니라 소통을 위해 '잠시 멈춤'을 하며, 그리스도와 성인들을 기념하고 회상하는 그 순간 자신의 육신을 비물질화하고 탈신체화하는 공간이다.[27] 그래서 전례적인 교회(가톨릭, 성공회)는 회랑 벽에 그리스도의 수난에서 죽음에 이르는 과정의 14처 그림을 걸고 그것을 관상하며 그리스도의 고난과 죽음을 묵상한다. 통로는 신자들이 예배 중 평화의 인사 시간에 좌석에서 일어나 통로로 나와서 서로 인사를 교환하는 화해의 공간이기도 하다. 한편 죽은 시신은 중앙통로 제단 가까이에 들어오고, 집전자는 이 통로에서 장례예식을 한다. 육신은 죽었지만 영혼은 시신과 함께 그리스도와, 그리고 살아있는 신앙공동체와 통로에서 마지막 소통을 한다.

모든 교회건축물에는 공간의 고저가 있다. 이것은 푸코(Foucault)의 '권력의 공간'[28]일 수 있으며 교회건축의 한 공간에서 가장 높은 곳은 하나님의 위치를 상징한다.[29] 건축적으로 극장식 공간구조가 아닌 전통적인 평면 교회 내부공간에서의

---

27 "본다는 것, 시지각(視知覺)은 내가 나로부터 부재하는 방법이며 내부에서 빠져나와 큰 존재의 핵분열을 목격하는 방법이다. 이를 거친 후에야 비로소 나는 나 자신으로 복귀하게 한다." 메를로 퐁티, 김정아 옮김, 『눈과 마음』(서울: 마음산책, 2008), p. 136.

28 푸코는 저서 『감시와 처벌(Discipline and Punish)』에서 공간의 배치에서 누가 힘을 얻으며 그 배치가 행동에 어떻게 영향을 주는지에 관심한다. 그는 인간이 공간 안에서 기계처럼 삶의 양상을 반복하는 것을 보고 권력을 공간의 배치로 분석한다. 배치는 사람들의 양태를 기계적으로 반복하게 하며 이 반복은 사람의 행동과 사고를 규제한다는 것이다. 예식 중에 신자들은 회중석에서 성직자들의 순행을 감시자로서 바라보기보다는 반대로 순행하는 성직자들이 회중에게 순행이라는 볼거리를 제공해주면서 자신들을 회중과 차별화한다고 할 수 있다.

29 현대 교회의 예배형태는 회중에게 보여 준다는 점에서 보면 중세 가톨릭 전례처럼 스펙터클하다. 특히 개신교회의 CCM이나 대중음악적인 요소를 도입한 '열린 예배' 형식이 그러하다. 푸코는 감시와 스펙터클은 대립하고 이것을 '제도적 통제'라고 한다. 그러나 예배에서 집전자가 권력이고 회중이 감시와 통제의 대상인지는 또 다른 문제이다. 조나단 크레이, 임동근·오성훈 외 옮김, 『관찰자의 기술: 19세기의 시각과 근대성』(서울: 문화과학사, 1999), p. 37.

빛의 교회

통로는 누구에게나 열려 있는 평등한 수평이다. 누가 누구를 지배하거나 지배당하는 일 없이 전례에 참여하는 하나님 백성으로서의 신앙공동체 일원은 모두가 평등하게 통로에서 소통을 한다. 통로는 닫힌 공간에서 혈관 같은 '숨통의 공간'이다.[30] 적절하게 뚫린 통로로 인해 닫힌 공간은 균형과 안정감을 가지며 교회 본당공간의 제단을 향한 통로는 공간 전체에 질서를 주고 그 질서는 회중에게 구원과 삶을 향한 충동을 부여한다.[31] 반면에 공간 속에 길을 낸다는 것은 일상적 공간을 손상시키게 된다는 점을 유념하면서 길을 내야 한다. [32]

중앙집중식은 장방형보다 통로길이가 짧은 공간상의 문제로 인하여 일반적으로 회중의자를 서로 마주보도록 배치한다. 따라서 회중 간에, 집전자와 회중 상호 간에 소통이 쉽고 편하며 아늑하다. 통로에 따라 의자배치가 되는 것이라기보다는 의자배치에 따라 통로가 형성되기 때문이다. 그러나 비록 통로의 길이는 짧아도 의자 배치를 어떻게 하느냐에 따라 장방형 공간보다 더 다양한 통로를 구축할 수 있는 장점이 있다. 특히 회중석 의자를 장의자로 구비할 것인지 개별의자로 구비할 것인지에 따라 통로 동선의 변화도 가져올 수 있다. 장방형 공간과 마찬가지로 제단, 혹은 설교대의 높이와 회중석의 위치에 따라 통로의 높낮이와 리듬도 달라지며 그에 따른 느낌도 달라진다. 한정된 공간에서 제단을 향한 통로를 직선으로만 구축하기보다는 필요에 따라 회중석 공간의 일부를 경유하는 동선을 구축한다면 동선

---

30 장의자에 교인으로 꽉 찬 교회 본당 내부공간에 통로가 없다고 상상해보라.

31 알랭 드 보통, 정영목 옮김, 『행복의 건축』(서울: 이레, 2007), p. 191.

32 메를로 퐁티, 김정아 옮김, 『눈과 마음』, p. 123.

교 회 건 축 의 이 해 ■
통로

이 다소 복잡해질 수 있다. 그러나 회중이 착석하기 위해 동선을 돌면서 공간을 새롭게 체험하고 더 다수의 회중과 소통을 나눌 수 있는 기회를 제공할 수 있다. 교회는 통로의 연출을 통해 같은 공간에서도 다양하고 색다른 체험을 유도해 낼 수 있으며 이에 따라 회중석 위치의 변화도 꾀할 수 있는 것이다.

2) 구원의 여정

라틴식 장방형 공간에서는 일반적으로 중앙 입구에서 제단에 이르는 중앙통로와 건물 공간 양 끝에 세로의 복도 통로가 형성된다. 비잔틴식 정방형의 공간에서는 회중석 의자 배치에 따라 장방형보다는 더 다양하고 더 짧은 통로가 형성된다. 따라서 정방형 공간에서는 장방형 통로에서처럼 중앙통로를 '구원의 통로'로서 의미를 부여하기에는 그 동선이 짧고 리듬과 방향성도 약한 것이 흠이다.

예배에서의 거룩함의 경험은 예배의 집전과 집전에 참여하는 사람들 가운데서 발견된다. 거룩하게 만드는 것은 예배에 모이는 공동체와 그 예배이다.[33] 이렇게 제단에 이르는 중앙통로는 신자들이 본당에 들어와 좌석까지 통행하는 기능과 집전자들의 순행과 제단 가까운 통로에서의 복음 낭독과 성만찬을 받기 위해 신자들이 제단 앞까지 순행하는 길이다. 중요한 것은 이러한 기능만이 아니라 전례에 따라 집전자에 의해 일련의 전례행위가 진행되는 동안의 분위기이다. 또한 중앙 통로는 회중으로부터 헌금을 모아 제단으로 운반하는 '감사와 봉헌의 길'이며, 신자

---

33 루이스 웨일, 김진섭 옮김, 『전례신학』, pp. 58-59.

대표자가 입구에서 집전 사제가 있는 제대까지 축성할 떡과 포도주를 들고 운반하는 '거룩한 통로'이다. 이 통로는 신자들이 성만찬을 하기 위해서 제단 앞으로 개별적으로 다가가는 '영적 통로'이다.[34] 도시의 일반 통로를 지날 때와 성만찬을 하기 위해 순행하는 '구원의 여정'으로서의 통로는 이용자가 동일인일지라도 그 동로에 대한 감성은 사뭇 다른 것이다. 특히 제단과 회중석을 구분하는 가로 공간은 신자들이 성만찬을 받는 공간이며 이 거룩한 구원의 통로는 천국과 같아 교회 내의 모든 공간을 지배한다.[35] 교회의 내부 입구 중앙에서 회중석 가운데를 가로질러 제단(지성소)까지 이르는 중앙 통로는 초대교회 때부터 '구원의 통로'를 상징해 왔다. 이것은 제단이 있는 지성소를 천국으로 상징했기 때문이다. 그러나 예배 후에 되돌아 나오는, 진입할 때와 같은 통로는 세상에 나아가 하나님의 복음을 전하고 이웃과 사랑을 나누며 평화를 실천하기 위해 세상으로 나아가는 '결단의 길'이다.[36] 되돌아 나가는 통로는 젖과 꿀이 흐르는 땅에서 광야로 나아가는 길이기도 하다.

5. 끝말

교회는 그 자체가 성사(sacrament)이며 통로(path)이다. 교회 그 자체가 삼위일체 하나님과 그의 백성과의 소통이며, 사람과 사람, 성과 속의 소통이다. 경내

---

34 Christopher V. Stroik, *Meeting House Essays: Path, Portal, Path, Architecture for the Rites*, p. 10.

35 Marianne H. Micks, *The Phenomenon of Christian Worship: The Future Present*(New York: The Seabury Press, 1970), p. 102.

36 가톨릭과 성공회는 공기도서(the alternative service book, common prayer book)에 따라 감사성찬례(미사) 후 집전자(사제 혹은 주교)의 축복을 받은 후, 회중이 마감 성가(찬송)를 하기 직전에 부제가 제단 중앙에 나와서 회중을 향해 '나가서 주님의 복음(사랑, 평화)을 전합시다'라고 외친다(노래한다). 이것은 예배 후 신앙공동체가 흩어져 세상에 나아가서 실천해야 할 가장 중요한 사명을 전하는 것이다.

라벤나 성 비탈레 성당

의 모든 통로는 본당으로 인도하는데 이 통로는 하나님의 초청에 응답하며 새로운 삶으로 가는 여정이다.[37] 기독교인들에게 있어서 통로의 근본적인 기능과 목적은 희망을 갖고 걷는 '순례자의 길'과도 같은 것이다.[38] 이 통로는 세속과 성스러운 곳의 다리이며 분절이기도 하다. 따라서 이 통로는 하나님의 집으로 초대받아 들어가는 '환영의 길'이며 성지로 오르는 '순례자의 길'이며 골고다로 오르는 '고난의 길'이며 생명과 부활을 '소망하는 길'이다.[39] 이 여정의 통로는 속(俗)의 영역도 성(聖)의 영역도 아닌 공간이지만 이 둘을 중화하여 성으로 인도하는 길이다.[40]

교회건축에서의 외부 통로는 하나님 나라, 하나님 집에로의 초대의 길이며, 순례자의 길이며 사울이 다마스쿠스 도상에서 변화한 것처럼 중생의 길이며 구원을 향한 길이다. 예배공간의 내부통로는 평화의 길이며 영성의 길이며 감사의 길이며 예배 후에는 세상을 향한 결단의 길이라는 다중적 의미가 있다. 신학적이며 전례적인 측면에서 볼 때 교회건축의 설계는 일반건축과는 다르게 통로를 먼저 구축한 다음에 공간을 분할하는 방법을 취하거나, 적어도 통로에 관한 그 상징적 중요성을 인식하고 공간을 구축해야 한다. 이 통로에 관한 교육을 통해 신자들은 공공건축으로서의 교회건축에 대한 새로운 인식을 할 수 있으며 교회를 출입할 때마다

---

37 Marchita Mauck, *Places for Worship: A Guide to Building and Renovating*(Collegeville: The Liturgical Press, 1995), p. 36.

38 Christopher V. Stroik, *Meeting House Essays: Path, Portal, Path, Architecture for the Rites*(Chicago: Liturgy Training Publications, 1999), pp. 54-55.

39 호주 멜버른의 가톨릭 성 패트릭교회는 1858년에 건축을 시작하여 1939년까지 지속적으로 축조된 건물인데 넓은 교회 입구부터 시작되는 '성 패트릭 순례 길'이라고 불리는 중앙 통로를 따라서 흐르는 수로를 따라가다 보면 본당에 이르게 된다.

40 Lawrence A. Hoffman, *Meeting House Essays: Sacred Places and the Pilgrimage of Life*(Chicago: Liturgy Training Publications, 1991), pp. 19-20.

색다른 영적 체험을 고양할 수 있는 것이다. 그러기 위해서 교회는 통로와 동선을 어떻게 구축하고 장식하고 조명하며 그 통로를 전례의 측면에서, 그리고 소통의 측면에서 어떻게 활용할 것인지에 관해 지속적인 관심을 가져야 한다.

교회 경내에 들어서는 순간부터 예배 후 경내를 나서는 그 순간까지 그 동선은 비록 같은 공간, 같은 통로일 수 있지만 통행하는 순간마다 그 통로에 대한 의미와 느낌은 다른 것이다. 그 통로는 숨통과 같아서 교회가 하나님과 세상과 사람들 상호 간의 그 어느 한편의 소통이라도 동맥경화에 걸린 몸처럼 막히는 순간 그 교회는 이 세상에 존재해야 할 가치를 소멸하게 되는 것이다. 교회건축에서 통로의 의미는 기능적인 통로만이 아니라 교회 자체가 하나님과 세상, 세상과 사람, 사람과 사람 사이의 소통의 통로이기 때문이다. 동시에 교회를 출입할 때마다 통로는 구원을 향한 여정으로서의 순례자의 길이며 통로에 들어서는 순간부터 예배의 시작임을 인식하여야 한다.

서울 경동교회

참고문헌

김정신,『유럽현대 교회건축』, 서울: 가톨릭출판사, 2004.

손규태,『하나님나라와 공공성』, 서울: 대한기독교서회, 2010.

승효상,『빈자의 미학』, 서울: 미건사. 1996.

이정구,『한국교회건축과 기독교미술탐사』, 서울: 동연, 2009.

가우디 안토니, 이종석 옮김,『가우디 공간의 환상』, 서울: 다빈치, 2006.

드 보통 알랭, 정영목 옮김,『행복의 건축』, 서울: 이레, 2007.

메를로-퐁티 모리스, 김정아 옮김,『눈과 마음』, 서울: 마음산책, 2008.

브루노 제비, 강혁 편역,『공간으로서의 건축』, 서울: 지문사, 1989.

웨일 루이스, 김진섭 옮김,『전례신학』, 서울: 대한성공회 선교교육원, 2006.

크레이 조나단, 임동근·오성훈 외 옮김,『관찰자의 기술: 19세기의 시각과 근대성』, 서울: 문
　　　　화과학사, 1999.

페레 크리스탱 에블린, 김진화 옮김,『계단; 건축의 변주』, 서울: 눌와, 2007.

폰티 지오, 김원 옮김,『건축예찬』, 서울: 열화당, 1993.

Giles Richard, *Re-Pitching the Tent: the definitive guide to re-ordering church build-
　　　　ings for worship and mission*, Norwich: Canterbury Press, 2004.

Hoffman Lawrence A., *Meeting House Essays: Sacred Places and the Pilgrimage of Life*,
　　　　Chicago: Liturgy Training Publications, 1991.

Mauck Marchita, *Places for Worship: A Guide to Building and Renovating*, Collegeville:
　　　　The Liturgical Press, 1995.

McNorgan David, *Preparing the Environment for Worship*, Collegeville: The Liturgical
　　　　Press, 1997.

Micks Marianne H., *The Phenomenon of Christian Worship: The Future Present*, New
　　　　York: The Seabury Press, 1970.

National Conference of Catholic Bishops, *Bishop's Committee on the Liturgy, Environ-
　　　　ment & Art in Catholic Worship*, Chicago: Liturgy Training Publications, 1993.

Schloeder Steven J., *Architecture in Communion: Implementing the Second Vatican
　　　　Council Liturgy through Liturgy and Architecture*, San Francisco: Ignatius Press,
　　　　1998.

Stroik Christopher V., *Meeting House Essays: Path, Portal, Path, Architecture for the*

Rites, Chicago: Liturgy Training Publications, 1999.

White James F. & White Susan J., *Church Architecture: Building and Renovating for Christian Worship*, Akron: OSL Publications, 1998.

04

벽과 창

벽과 창
── 머리말

1.

일정 온도를 유지해야 할 물건을 저장하거나 도난을 방지해야 할 귀중품, 대피소, 그 밖에 영구히 보존해야 하거나 지상으로 유출돼서는 안 될 물건들을 보관해야 하는 특수한 기능을 목적으로 하는 공간은 주로 빛이 들지 않는 지하에 구축한다. 한국의 풍수이론이 밝히듯이 주거공간을 포함하여 대부분의 건축물은 계절에 따라 햇빛이 잘 들고 통풍이 잘되며 바람과 추위를 막을 수 있는 남향으로 건물을 축조한다. 한 건물 안에서 특히 빛이 잘 드는 공간은 푸코가 말하듯이 권력에 의해 점유되기 일쑤이다.

기독교는 일찍부터 다양한 방법으로 예배공간을 영성과 성스러움으로 채우려는 노력을 해왔다. 초대교회 박해시기에는 불가피하게 빛이 들지 않는 지하무덤에서 예배를 보았다. 기독교가 공인된 313년 이후에 교회 건물이 지상에 축조되면서, 교회는 건축술과 재료의 도움을 받아 빛을 최대한 활용할 수 있는 예배공간을 조성하려는 노력을 해오고 있다. 그 과정 중에 건축술과 재료 그리고 빛에 관한 신학이 조우한다. 조화와 균형이라는 미적 개념으로 건축에서 꽃을 피운 것이 모자이크와 색유리를 활용한 중세 유럽의 고딕 양식이다. 현대 교회건축 설계가들은 영적인 예배공간을 마련하기 위해 자연채광이나 인공조명을 연구하며 다각도로 활용하고 있다. 그러나 개신교의 신학과는 깊이 연결하지 못하고 있다. 빛을 이용하기에 좋은 택지 구입비와 건축비를 충분히 마련할 수 있는 조건의 교회라고 할지라도 교회 건축에 관한 전반적인 신학적 안목이 얕거나 영적 조성에 대한 감각이 미약하면 예배공간을 구축하는 데 투자한 만큼 좋은 결과를 얻기 어렵다.

이 논문의 목적은 최근 한국 개신교회 건축물이 예배학과 지역 선교학적 성찰 없이, 주변과 차별성 있는 특이한 형태로만 난립하는 현상을 비평하는 것이다. 또한 교회건축의 예배공간에서 빛과 색에 관한 신학적이며 도상학적인 상징적 의미를 밝혀 보려는 것에 있다. 기독교 신학 및 교리의 근간이라고 할 수 있는 빛에 관한 신학적 조명과 빛과 색이 교회건축에서 신학적으로 구현된 중세 고딕 양식에서의 색 유리창을 중심으로 살펴보려고 한다. 이 논문은 교회건축학과 예배학 분야의 학문적인 연구로서 일정 부분 학문적 기여를 할 수 있기를 바란다. 현대 한국의 개신교회가 중세 고딕교회를 모방할 신학적인 이유는 없지만, 빛과 색에 관한 신학적이며 예배학적인 이해를 통해 현대 한국교회건축에서 적절한 예배공간을 구축하는 데 안내가 될 수 있기를 기대한다. 대다수 개신교회는 색 유리창을 신학과는 무관하게 단순히 공간 분위기 창출과 장식용으로 활용하고 있다. 이 논문에서는 구체적으로 제시하지 않지만 빛과 어둠, 즉 이원론적으로 공간을 분절해온 서양 교회건축의 도상학과 가톨릭의 화체설을 근간으로 하여 창출된 색 유리창에 관한 신학을 극복하는 것과, 이미지를 배척하는 개신교의 말씀 중심의 신학과 동양 사상에서의 음양의 조화를 신학적으로 해석하고, 이것을 개신교회 공간 안에 어떻게 표현할 것인지는 한국 교회건축과, 예배학 분야에서 풀어 가야 할 토착화의 과제이다. 최근 개신교회 안에서 예배공간을 극장식 공간으로 재정비하여 '빛과 색'이나 '말씀'보다는 '소리'를 우선하는 듯한 '열린 예배' 혹은 'Emerging Worship'이라는 예배 양태의 유행을 보면서, 예배에서 점점 잃어가는 상징성을 기억하려는 것이다. 개신교회 예배에 적절한 빛을 활용한 공간분절과 한국의 전통적인 오방색에 대한 신학적 해석을 통해 교회가 활용할 수 있는 제안을 해본다.

라벤나 성 비탈레 성당

2.

그리스도의 빛

기독교에서 시각 이미지에 관한 담론은 구약 십계명 율법으로 인해 금기시되어 오다가, 초기 기독교 박해 시대에는 기독교를 상징하는 여러 기호들이 등장한다. 이 기호들에 의미층이 두터워지면서 상징의 도상이 되는 기호들도 생기기 시작했다.[1] 교회의 무분별한 이미지 사용이 문제가 되어 발단이 된 성 화상 논쟁은 726년 레오 3세 때 시작하여 11세기까지 수차례 이어졌다. 동방교회에서는 성인들의 영성과 예수의 말씀 같은 성서내용을 시각 이미지로 제작하여 이것을 신앙적으로 그리스도와 성인들을 환유하는 매체로 공경하고 있다. 서방 가톨릭교회는 이미지 논쟁을 겪지 않고 한정된 종교화나 조형물을 교육과 전례용으로 사용하고 있다.

개신교회는 16세기 종교개혁을 통해 교회 안에서의 이미지 사용을 금지하였다. 말씀 중심의 예배에 기초한 개신교회의 이 전통은 오늘날까지 내려오고 있다. 이렇게 시각 이미지들을 적극적으로 수용할 수 없는 교회들은 건축을 할 때 말씀이 효과적으로 전달될 수 있는 음향기기와 공간을 영적인 분위기로 조성하기에 다른 그 어느 것보다 효과적인 빛을 최대한 이용하고 있다. 21세기에 과거의 다양한 교회건축들을 뒤로하고 새로운 신학으로 새로운 교회건축을 축조한다는 것이 가능한 것인지에 대한 회의에 앞서, 모든 예배공간을 영성과 신비로움, 그리고 침묵의

---

[1] 기독교를 상징하는 물고기 형태나 마리아를 상징하는 백합, 영혼불멸을 상징하는 공작새 등과 같은 다양한 이미지에 이와 같은 기독교적인 의미를 부여하고 제작하여 이것을 예배와 교육을 위한 매체나 장식이나 표지로 사용하여 왔다.

기도 공간으로 구축하려는 기독교의 욕망은 시공을 초월한 예배공간에 대한 보편적 개념일 것이다. 가톨릭, 개신교를 포함하여 우상숭배의 교리적 혐의를 피하면서도 전례(예배)를 거룩하게 진행하고, 동시에 교인들의 영적 고양을 제공할 수 있는 공간을 창출할 수 있는 도구는 초대교회부터 '빛과 색'이었다.[2] 우상은 밤 같은 어둠이며 빛이 아닌 흑암으로 인도하는 악마와 같은 존재이다. 어둠이 빛을 이길 수 없듯이 교회는 어둠을 물리치기 위해 빛을 교회 안으로 끌어들였다. 교회는 하나님이 육화한 그리스도의 말씀인 빛을 세상에 투영하는 그리스도의 몸이다.

한 처음 천지에는 빛에 앞서서 어둠이 있었는데, 하나님께서 "빛이 생겨라!"(창 1:3, 『공동번역성서』 개정판, 가톨릭용, 1999) 하시자 '빛과 어둠'이 나누어지고(4절), 그 빛을 둘로 만들어(16절) 큰 빛으로는 낮을 다스리게 하시고 작은 빛으로는 밤을 다스리게 하셨다. 이 빛으로 인해 지상에 하루라는 시간이 태동된다. 밤과 낮에는 빛의 강도만 다를 뿐 그 빛이 이 세상을 다스리고 있으며 빛으로 인해 빛이 없던 한 처음의 어둠과 같은 어둠은 사라지고 세상에 질서가 형성된다. 예수가 태어나던 날 밤에 주님의 영광의 '빛'이 목자들에게 두루 비치면서 천사가 나타나 구세주의 탄생을 알린다(눅 2:9). 예수를 성전에 바칠 때 시므온은 만민에게 베푸신 그 구원이 '이방인들'에게는 '주의 길을 밝히는 빛'이 된다고 찬양한다(눅 2:32). 태어날 때부터 빛으로 인도된 예수는 "나는 '세상의 빛'이다. 나를 따라오는 사람은 '어둠' 속을 걷지 않고 생명의 빛을 얻을 것이다"(요 8:12)라고 선언한다. 이 선언은 기독

---

2 이슬람은 율법에 따라 그 어떤 형상도 그리거나 새길 수 없어 다양한 색깔과 문양을 이용하여 타일과 양탄자 제품을 발달시켰다.

교의 신학과 교리, 그리고 신앙과 기독교의 정체성을 가늠하는 가장 중요한 텍스트 중의 하나라고 할 수 있다. 빛이신 예수 그리스도는 구약 창세기에 나타나는 빛과 같다. 빛은 질서이며 흑암은 혼돈이다. 밤낮 구분 없이 하나님은 빛으로 온 세상을 다스리시기 때문에 세상에 질서가 형성되고, 만물은 밤에도 그 작은 빛에 의해 일상을 영위할 수 있게 된다. 그러나 밤의 어둠은 태초 한 처음의 완전한 흑암과는 다르게 달빛 같은 작은 빛으로 인도되는 어둠이지만, 태양 같은 큰 빛으로 인도되는 낮만큼 질서를 분명히 분별할 수 없어 지향해야 할 방향성을 찾지 못하는 미로와 같은 반 혼돈의 세계이다. 그리스도는 이 어둠 속에서 낮과 같은 완전한 질서의 광명의 세계로 인간을 인도하시고, 인간들은 그 인도하심에 따라 어둠의 상태에서 빛의 상태로 나가는 것이다. 작은 빛이 다스리는 밤의 어둠은 죽음으로 향하는 반 혼돈의 상태이며 동시에 생명의 빛[3]으로 향하는 상태이다.

세상은 어둠이며 교회는 이 세상 안에서의 빛이다. 시므온이 노래하듯이 어둠에서 자칫 죽음의 흑암으로 갈 위험에 있는 '이방인들'을 '주의 길을 밝히는 빛'의 생명의 세계로 안내하는 것이 지상교회의 사명이다. 교회가 인도하는 삶의 행로는 하나님으로부터 나오는 고상한 정신적인 도덕적인 생활(요일 1:5, 7)이며, 하나님의 진리와 그리스도적인 인격과 삶(마태 5:14, 요 3:19, 롬 13:12, 엡 5:8)을 따라 살도록 하는 것이다.[4] 교회는 사람들을 세상에서 빛과 소금으로 살도록 인도한다. 이것이 주님의

---

3 히브리어에서 빛의 의미는 하나님께 의지하는 사람들에게 주시는 안위와 힘의 의미가 있으며(욥 22:28, 29:3, 시 27:1), 희랍어에서의 빛의 의미는 구약과 같으면서 예수 그리스도로 말미암은 사람들에게 주신 것(요 1:4)이다.

4 교회는 성령의 7가지 은총(사 11:1-3)과 9가지 열매(갈 5:22), 그리고 죄악을 이기는 7선덕(善德)을 교리로서 교육한다. 이것은 겸손(謙遜)으로 교만(驕慢)을 이기고, 관유(寬裕)로 탐리(貪利)를 이기고, 정결(貞潔)로 음란(淫亂)을 이기고, 인애(仁

라벤나 성 아폴리나레 누오보 성당

사랑을 실행하는 길이다. 하나님이 거하시는 천상은 빛의 근원이며 하나님이 지상에서 거하시며 생명으로 인도하는 교회는 그 빛으로 상정되었다. 예배는 그 빛을 찬양하고 그 빛을 받아 영성을 고양하고 세상을 섬기며 선포하는 최선의 제의인 것이다.

그리스도의 빛[5]은 곧 하나님이 육화된 말씀이며, 그 말씀은 시므온이 찬양하고 요한기자가 기록하였듯이 '진리의 빛'이며(요 1장), 구원이며, 영생에 이르는 길이다. 이러한 성서에 기초한 교리적 공식이 기독론과 신학의 초석이다. 이 빛은 세상에 차별 없이 내리는 '구원의 빛이며 사랑'이다. 그로스테스트(Robert Grosseteste, 1175~1253)는 그의 헥사메론(Hexaemeron)에서 '빛은 최고의 통합이며 가장 조화로우며 그 스스로에게 균등한 동일성이며 동일성이 곧 빛'이라고 하였다.[6] 교부시대 이래 신학자들은 빛에 관하여 신학적으로 조명하는 많은 연구서들을 남겼는데, 특히 빛으로서의 신의 이미지는 어거스틴(Augustine)과 신플라톤주의, 디오니시우스 위서에까지 이른다.[7] 겉으로 보기에는 진리처럼 보이지만 진정한 진리가 아닌 유사 진리[8]를 분별하는 연구서들도 수없이 발간되었다. 기독교는 전통적으로 그리스의 플라톤적 사상에 기초한 이원론적인 틀로 성서를 해석하고 교리를 적절하게 교정해 옴으로써 빛과 어둠을 천당과 지옥, 선과 악, 천사와 마귀로 각각 유비하여 왔다. 이

愛)로 투기(妬忌)를 이기고, 담박(澹泊)으로 탐식(貪食)을 이기고, 용서(容恕)로 분노(忿怒)를 이기고, 근로(勤勞)로 나타(懶惰)를 이긴다. 이것은 이웃을 내 몸처럼 사랑하는 삶의 지침이다. 김안기 편저, 『대한성공회 일상기도서』(서울: 대한성공회출판부, 1986), pp. 122-123.

5 하나님은 빛에 거하시고(딤전 6:16), 빛으로 의복을 삼으시고(시 104:2), 빛 자체이시다(요일 1:5). 세례요한은 예수를 세상의 빛이라 했고(요 1:4) 예수도 자신을 빛으로 시인했다(요 8:12).

6 움베르토 에코, 손효주 옮김, 『중세의 미와 예술』(서울: 열린책들, 2000), p. 102 재인용.

7 바알신, 이집트의 태양신, 페르시아의 선신(善神) 모두 태양을 의인화한 것이다. 움베르토 에코, 손효주 옮김, op. cit., p. 99.

8 토마스 아 켐피스, 박동순 옮김, 『그리스도를 본받아』(서울: 두란노, 2010). p. 17.

에 비해 동양에서는 빛과 어둠, 각각 양과 음이라는 이원적인 양태를 일원론적인 합일과 조화의 사상으로 이끌어냈다. 이러한 사상은 동양건축에도 영향을 미쳤다. 서양의 교회건축이 빛을 활용하여 공간을 밝음과 어둠으로 분절하는 것에 비해 동양의 사찰이나 유교건축은 빛을 활용하기보다는 풍수에 따른 음양의 조화에 따라 택지를 하는 것에 더 큰 비중을 두었다. 향후 한국의 교회건축 토착화 과정에는 건물택지의 문제는 현실적인 어려움으로 인해 차치하더라도 예배공간 안에서의 음양의 관계성과 조화[9]를 어떻게 신학적으로 해석하고 표현할 것인가라는 과제가 있다.

빛의 신학

3.

기독교 공간이 지닌 기본적인 상징의 의미는 빛이었고, 그 공간의 성격은 빛과 물체와의 상호관계성에 의해 형성된다.[10] 빛은 물질을 변형시키며 새로운 의미를 부여한다. 이것을 건축에서는 '비물질화'라고 부른다. 초기 기독교 교회건축 시기부터 서방의 장방형 바실리카(Basilica)식 라틴교회는 벽과 지붕으로 막혀 어두운 실내 공간에 자연채광을 공간 안으로 끌어들이기 위해 벽체 위쪽에 고창을 내고, 동방의 비잔틴식 건축은 펜던티브(pendentive)[11]

---

9 葉樹源, 이재훈 옮김, 『건축과 철학관』(서울: 대건사, 1995)과 앤드류 보이드, 이옥기 옮김, 『중국의 건축과 도시』(서울: 기문당, 1995), 5장 종교건축을 참고할 것.

10 노벅 슐츠, 정영수 외 1인 옮김, 『서양건축의 본질적 의미』(서울: 세진사, 1997), pp. 226-227.

11 비잔틴의 교회건축물에서 정방형의 벽체 위에 지붕으로 놓을 원형의 돔을 지지하기 위해 사용한 구조물이다.

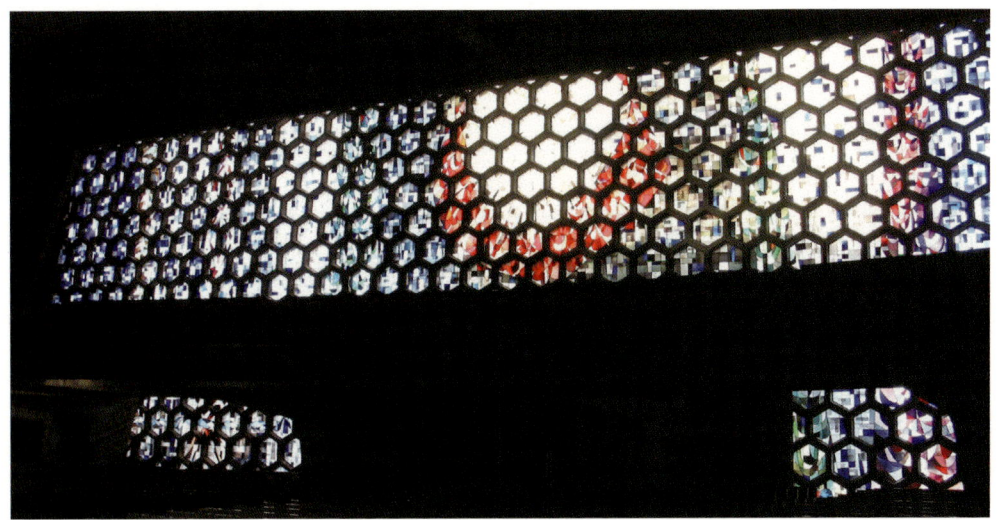
미네소타 성 요한수도원 채플

위의 등근 지붕을 둘러가며 창을 내어 내부공간 안으로 빛을 수용했다. 이 고창과 돔의 창들을 통해 들어오는 빛의 효과를 이용하여 교회 안에 이콘(icon)과 모자이크를 제작하여 설치하였다. 이러한 기법은 고딕의 색 유리창[12]에서 그 꽃을 피운다. 또 색 유리창에 그려진 수많은 성인들은 '많은 증인들이 구름처럼 우리를 둘러싸고 있다'(히 12:1)는 성서의 건축적 표현이기도 하다.[13]

비잔틴 신학에서의 시각 담론은 신플라톤주의의 유출론 영향[14]을 받아 신이

---

12 색 유리(staind glass)는 유리 용광로 속에 있는 녹은 유리에 망간이나 코발트 같은 다양한 물질을 첨가하여 만든다. 유리는 투명한 채로 남아 있지만, 거기에 첨가된 물질에 따라 다양한 색깔을 띠게 된다. 유리조각들에 유연한 납 테두리를 둘러짜 맞춘 다음 용접으로 납들을 연결시킨다. 그리고 대다수의 고딕 색 유리창의 형상은 아래부터 위로 읽는다. 색 유리창에서는 색채가 구성의 명확성을 고양시킨다.

13 Steven J. Schloeder, *Architecture in Communion: Implementing the Second Vatican Council through Liturgy and Architecture*(San Francisco: Ignatius Press, 1990), p. 202.

14 신플라톤주의 학자 플로티노스는 플라톤의 절대적 이데아계와 불완전한 현상계의 대립적 관계를 유출이라는 개념을 사용하여 이를 일원론적으로 해석하였다.

인간으로 화육하였듯이 인간은 가시적인 상징을 통해 초월적 존재를 환기할 수 있다는 것이다. 이 가시적 상징이 곧 이콘[15]이다. 같은 신플라톤주의자인 위 디오니시우스는 볼 수 있는 것은 볼 수 없는 아름다움이 형상화된 것이며 '빛'이 지니고 있는 상징적 아름다움이 반영된 것이라고 하여 그리스도의 본성, 그리고 육화의 교리와 함께 비잔틴 미술의 상징적인 초월성의 이론적인 기초를 세웠다.[16] 비잔틴 세계는 교회를 단순한 기능적인 건축물을 넘어 그리스도의 몸이며, 둥근 천장의 돔(dome)은 우주이고 그리스도와 성인들이 거하는 천상을 의미했다. 따라서 둥근 돔 천장에 '우주의 통치자 그리스도(Pantocrator)' 모자이크가 위치하게 된다.

비잔틴 교회는 천장뿐만 아니라 사람들이 그리스도와 성인들을 환유할 수 있도록 창으로 들어오는 빛을 통해 잘 볼 수 있는 벽면에 그들의 거룩함과 아름다움을 드러내는 프레스코 벽화와 모자이크가 위치한다. 빛이 없는 어두운 교회공간 깊숙이 창을 통해 들어오는 빛은 그 공간을 밝히고, 모자이크에 투영된 빛은 거룩하고 신비한 색으로 감각되어 그리스도와 성인들을 환유하게 된다. 교회는 하나님과 성인들이 거하는 집이며 예배는 이들과 함께 드리게 되는 것이다. 사람들은 교회공간 안에서 창을 통한 빛이 모자이크에 부딪혀 투영되는 형상과 색을 보고 한 공간 안에서 어둠과 밝음의 공간 구획과 그 리듬을 감각하며 천상과 현상을 경험하며 성인들을 환유하게 된다. 비잔틴 건축의 대표적인 성 소피아(Hagia Sophia) 성당에서의 빛은 물질적인 것을 추상적이며 영적인 환영으로 변형시키는 매개 역할을 하고

---

15 이것은 성 화상 논쟁으로 이어진다.

16 이덕형, 『비잔티움, 빛의 모자이크』(서울: 성균관대학교 출판부, 2006), p. 190 재인용.

있다. 빛에 의해 변화된 신비로운 공간은 밝은 천상의 돔이 그 창들을 통해 빛을 비추이는 어두운 바닥과 구별되어 땅과 하늘과의 대조를 드러낸다.[17] 천상의 빛의 세계에서 어두운 이 세상에 빛을 비추이는 것이다.

　　로마네스크(Romanesque) 양식에 와서는 지붕 무게의 하중을 지지하기 위한 건축술의 한계로 인해 벽체를 두껍게 축조하고 벽에 창을 작게 낼 수밖에 없었다. 따라서 작은 창을 통해 이입되는 빛의 양도 적어 실내 공간은 대체로 어두웠으며 평면에서 십자가가 교차되는 중앙 천장 위에 광탑을 냈음에도 불구하고 내부공간에서는 음영의 대비가 뚜렷했다. 천장 중앙의 광탑으로 인해 제대 부분은 밝았지만 그 주변은 어두웠으며 반원 형태의 열주를 따라 구성되는 회랑은 벽의 작은 창을 통해 이입되는 빛에 의해 자연스럽게 리듬감이 형성되었으며[18] 창과 일정 거리가 있는 회중석은 어두울 수밖에 없다. 회랑을 걸으면 고창이 있는 밝은 부분과 창이 없는 어두운 부분이 교차하며 리듬을 갖게 된다. 이 시기에는 순례자들의 성지순례가 활발하고 수도원이 발달하였는데, 이 둘을 수용하기에 적합하도록 교회건축은 회랑이 발달하고 고요한 분위기의 로마네스크 양식으로 정착해 갔다. 순례자들의 여정을 위한 로마네스크 성당의 어둠과 밝음이 교차하는 회랑은 육체와 영혼, 물질과 정신, 악과 선이 교차하는 다양한 인생의 리듬도 내포하고 있다. 내부가 음습하

---

17 Winand Klassen, *History of Western Architecture: A Semiological approach to Architecture from a Designer's point of view*(Cebu: University of San Carlos, 1980), p. 88.

18 서양건축의 도상에서는 고딕건물을 제외한 대부분의 교회건물의 창은 그 모양이 일정하고 규칙적으로 배열되어야 한다. 피타고라스는 음악에서 협화음이 길이와 관계된다는 것을 밝혀냈는데 그 길이의 비례는 조화라는 개념 안에서 2배수, 3배수 등을 기초로 하여 간격을 따랐다. 베르트랑 제타, 김택 옮김, 『건축의 르네상스』(서울: 시공사, 1999), pp. 36-37.

베를린, 빌헬름 기념교회

여 성당 외벽 빛이 잘 드는 교회 경내에 클로이스터(cloister)라는 성직자들의 명상을 위한 중정(中庭)과 통로를 구축한 것도 로마네스크 양식의 특징이다. 어둡고 아늑하며 고요한 이 양식 내부공간의 특질을 활용하여 현대에도 수도원 건축에는 로마네스크 양식을 응용하는 경우가 많다.

고딕(Gothic) 양식에 와서는 천장의 무게를 분산시키는 건축술로 성당의 천고를 높이는 대신 벽체는 얇아지며 그 벽체에 첨두형의 긴 창을 낼 수 있게 되었다. 가는 벽체를 지지하는 받침대(flying buttresses)도 부가되었으며 서쪽 입구 벽면(facade) 중앙에는 성모 마리아를 상징하는 큰 장미창(rose window)을 내어 색 유리로 장식한 것이 프랑스 고딕의 도상이다. 장미창이 보여 주듯이 대부분의 고딕성당은 성모 마리아(Notre Dame)께 봉헌된 성당인 만큼 당시 가톨릭교회에서 성모에 대한 흠숭이 어느 정도였는지 짐작할 수 있다. 또 고딕성당의 축조기법은 당시 스콜라 신학의 실재론자(realism)들이 주장한 연역적인 방법론과 유사하다.[19] 빛과 하나님은 실재론자들에게 있어서 가장 보편적인 존재였다. 스콜라 신학에서 실재론자들은 로마네스크 양식처럼 실내공간의 빛의 음영에 따른 리듬에 관계없이 공간 안에 빛을 최대한 수용할 수 있도록 고딕의 창을 이용하였다.[20] 종교개혁 후 개신교회는 말씀을 선포하기에 적절하도록 예배공간을 변경해 갔다. 따라서 중세 가톨릭

---

[19] 고딕건축과 스콜라신학과의 상관 관계성에 관한 도상학자의 책으로는 Erwin Panofsky, *Gothic Architecture and Scholasticism*(New York: The World Publishing Company, 1963)과 이를 참고하여 기술한 일본건축학자 쿠마겐고, 이창우 옮김, 『신건축입문-사상과 역사』(서울: 건축도서출판공사, 1995)를 참고할 것.

[20] 안셀름부터 윌리엄 오캄에 이르기까지 이르는 보편논쟁에서 결국 개체를 앞세운 유명론자(nominalism)들의 승리와 함께 르네상스를 맞이하게 된다. 실재론자들의 주장에 부합했던 보편주의(catholicism)를 시각적으로 표현한 고딕 양식의 축조는 일시 멈추게 된다.

교회처럼 빛을 이용하는 이미지를 제작하지 않았으며 빛보다는 음향에 더 관심을 갖고 공간을 조성했다. 그러나 공간분절은 벽으로만 가능한 것이 아니라 빛의 강약으로도 가능하다. 오늘 한국교회도 한 공간 안에서 진행되는 예배과정 중에 특별히 중요한 부분이 진행되는 시간과 위치에 따라 빛을 다각도로 활용하면 더 영적인 예배공간을 창출해 낼 수 있는 것이다.

4. 색

색[21]이란 빛의 파장에 의해 형성되는 것이기 때문에 색[22]은 빛 없이 있을 수 없으며 기독교에서는 빛과 색의 의미를 동일시한다. 또 중세의 빛에 관한 신학은 색의 상징적인 의미도 축적해 왔다. 생 드니 수도원장(1122)이었던 슈제(Suger)는 물질을 통한 아름다움에 대한 명상이 천상적인 것을 이해하게 해준다는 것을 표현하기 위해 보석과 같은 효과를 내는 매체로서 색 유리만 한 것이 없다고 했다.[23] 가시 색의 대표적인 '빨주노초파남보' 색깔을 중심으로 고딕성당에 이르러서는 모자이크에서 반사되는 '빛과 색 유리창'을 통해 현

---

21 여기에서의 색은 빛에 의한 가시 스펙트럼으로 한정한다. 색에 관한 체계적인 연구는 1666년 뉴턴에서 시작되었다. 색은 보통 색상, 채도, 명도 등으로 나눈다. 색상은 일반적으로 빨강, 주황, 노랑, 초록 등과 같은 용어를 사용하는 색의 속성을 말하며 채도는 색상에 섞여 있는 무채색의 양이 많아질수록 낮아지는 것이다. 명도는 빛 에너지의 양에 따른다. 어둠과 밝음도 색의 범주이지만 주로 명도로 구분한다. 본문에서의 빛은 어둠의 대어의 의미이다.

22 색을 포함한 감각에 관한 서적으로는 472쪽 분량의 다이앤 애커먼, 백영미 옮김, 『감각의 박물학』(서울: 작가정신, 2005)이 있다. 이 책은 후각, 촉각, 미각, 청각, 시각, 공감각에 관한 백과사전과도 같은 흥미로운 에세이이다. 색에 관한 번역서로서는 마가레테 브룬스, 조정옥 옮김, 『어둠 가지 색으로 풀어 본 색의 수수께끼』(서울: 세종연구원, 1999)가 있다.

23 안느 쉐이버 크랜들, 김수경 옮김, 『중세의 미술』(서울: 예경, 1991), p. 43 재인용.

보름스 성당

현되는 영롱한 광휘를 극대화하기에 이르렀다. 교회는 교회력에 따른 전례의 색뿐만 아니라 예배를 위한 제단장식의 색에 이르기까지 도상학적으로 상징화되어 정해진 색을 오늘날까지 지켜오고 있다.

빛[24]에 관한 한 프랑스 고딕 양식 교회건축의 진미는 신자들의 주 출입문인 서쪽 정면 파사드(facade) 중앙의 원형 장미창과 벽체의 첨두형 색 유리창[25]이라고 할 수 있다. 중세 가톨릭 신학은 성체성사의 이론을 화체설로 규정지은 것에 대해 개혁교회들은 기념설이나 임재설을 믿는다. 가톨릭교회는 오늘날에도 사제가 축성한 떡과 포도주가 그리스도의 몸과 피로 변화한다고 믿는다. 스콜라 신학의 연역적인 연구방법론과 고딕의 축조방법의 순서[26]가 유사하다고 주장한 것처럼 가톨릭교회의 7성사교리 중에서 성체성사의 화체설은 색 유리창과 연관되어 있다. 사제가 떡과 포도주를 축성하는 순간에 이 물질이 그리스도의 몸과 피로 변화하는 것을 믿는 것처럼 자연의 빛(lux)은 색 유리창을 통과한 빛이 내부 벽체에 부딪혀 반사하면서 사람의 눈에 지각되는 빛(lumen)[27]은 축성이 되어 영롱한 색깔(color)이 된

[24] 각기 빛에 관한 사상은 조금씩 달랐지만 로마의 판테온 건축가부터 대부분의 현대 건축가들(르 꼬르뷔제, 프랑크 로이드 라이트, 미이스 판델 로에 등)까지 이들 모두 일생 건축에서 빛을 수용하는 방법을 연구하였다.

[25] 사르트르 성당의 경우, 186개의 색 유리창 중 40여 개(보존된 것 중 절반 이상)는 당시 귀족이나 성직자, 도상제작자와 같은 단체의 이름으로 주문된 일종의 봉헌물이었다. 앙드레 그라바, 박성은 옮김, 『기독교 도상학의 이해』(서울: 이화여자대학교 출판부, 2007), p. 314.

[26] 스콜라신학의 기술형식의 특징은 보편 실재자인 유일한 신 존재의 명제에서 출발하는 연역적인 계층성이다. 즉, 책-장-항의 형식으로 분해한다. 이 계층적 분해는 고딕의 축조방식과 유사한데 기둥의 예를 들면 건물-받침기둥-큰 기둥-작은 기둥으로 분해하는 것이다.

[27] 보나벤투라는(1217~1274)는 빛을 lux, lumen, color 이렇게 셋으로 구분하였다. lux는 빛 그 자체이며 lumen은 빛을 내는 존재를 소유하며 투명한 매체들에 의해 공간을 이동한다. 색은 빛이 불투명한 물체에 반사되어 나타난다. 즉, 투명한 공간을 통해 발산된 빛이 불투명한 물체에 들어 있던 빛을 소생시키는 것이다. 토마스 아퀴나스는 lux가 투명체에 참가하는 것을 lumen이라고 하였다. 보나벤투라는 빛을 모든 미의 원리로서 형이상학적인 실체로 본 반면에 아퀴나스는 물리적인 실체로

카타콤 벽화

다. 이 색은 자연의 빛이 그리스도의 빛(lumen christi), 즉 질적으로 새로운 빛(lux nova)으로, 진리의 빛(lumen veritatis)으로 변화한 결과라고 믿는 것이다.[28] 사람들은 이 색을 지각하면서 신성의 신비한 아름다움을 체험하게 된다. 그리스도와 성인을 묘사해 놓은 고딕성당에서의 색유리는 기능적으로 장식용, 혹은 예배와 교육적인 용도를 넘어서서 다양한 형태와 색으로 성당의 모든 내부공간을 신비롭고 성스럽게 변화시킨다. 고딕에서의 충만한 빛은 내부의 모든 어둠을 물리치고 모든 사물에 질서를 주며 미로를 소멸하고 밝은 하나님의 도성으로 자리매김을 한 것이다. 슈제(Suger)는 자신이 생각하는 빛을 표현하기 위해 약 100여 개의 유리창 유리를 파랑으로 채웠다.[29] 화가 마티스(Henri Matisse, 1869~1954)는 방스 로사리오 성당

보았다. Umberto Eco ed., tr. by Alastair McEwen, *History of Beauty*(New York: Rizzoli, 2005), p. 129.
28 쿠마겐고, 이창우 옮김, op. cit., p. 98.
29 마가레테 브룬스, 조정옥 옮김, op. cit., p. 185.

(Chapelle du Rosaire de Vence)을 설계할 때 영적으로 충만한 공간으로 창출하고자 빛을 이용하여 색유리를 노랑, 파랑, 초록 세 가지 색으로 제한하였다. 색 유리창은 아름답지만 빛을 일정부분 차단하는 단점도 있는데 현대 건축에서는 오히려 이 점을 활용하기도 한다.

공간의 토착화

5.

한국 개신교회가 교회력에 따라 사용하고 있는 색[30]은 가톨릭, 성공회 교회와 크게 다르지 않다. 그러나 색이 빛의 신학과 관련되어 있다는 것에 대한 별다른 의식 없이 기호에 가까운 단순한 상징으로서 색을 사용하는 경우가 많다.[31] 교회 벽에 색 유리창을 설치해도 유리 색이 갖는 신학적이며 도상학적인 의미[32]를 고려하지 않고 아름다운 공간 분위기를 창출하려는 것에 더 큰 관심을 둔다. 예를 들면 도상학적으로 금색은 천국을 상징하며[33] 자주색은 금색과 함께 천국의 권위와 정의의 가장 성스러운 현상으로 상승되는 의미를 지

---

30 전례 색깔의 태동 역사와 그 상징적 의미에 관한 것은 Peter and Linda Murray, *The Oxford Companion to Christian Art and Architecture: the key to western Art's most potent symbolism*(Oxford: Oxford University Press, 1998), pp. 278-279를 참고할 것.

31 교회절기에 따라 색을 주로 사용하는 곳은 목회자가 예복을 입고 목에 걸고 길게 내리는 영대(stoll)와 설교대와 성찬 테이블 앞면에 드리우는 천 색깔 정도이다.

32 도상을 제작하는 사람들은 예수, 마리아, 성인들마다 옷 색깔을 구분하여 그렸다. 예를 들면 자주색은 하나님의 말씀을 표현하는 도구로 자주색 양피지 위에 금빛 잉크로 쓰는 경우이다. 마가레테 브룬스, 조정옥 옮김, op.cit., p. 209.

33 13세기에 교황 이노센트 3세는 교회력에 따른 사제들의 제의와 제대의 장식 색깔에 대한 전례적인 색을 소개했다. 1570년 교황 피우스 5세 때 이르러 흰색, 붉은색, 녹색, 보라색, 검은색으로 분류하였다. Richard Stemp, *The Secret Language of Churches & Cathedrals: Decoding the Sacred Symbolism of Christianity's Holy Buildings*(London: Duncan Baird Publishers, 2010), p. 110.

니고 있다.[34] 개신교회가 교리적이고 정서적인 거부감 때문에 예배공간 안에 설치하는 성화상을 수용할 수 없다면 색을 더 다양하게 활용할 수 있는 추상적인 표현의 작품 정도는 수용할 수 있어야 한다. 굳이 서양의 전통적이고 도상학적인 색의 의미에 갇혀 제한적으로 사용하기보다는 한국의 전통적인 오방색[35]에 신학적 해석과 의미를 부여하여 교회력, 혹은 일상 절기에 맞추어 이것을 다양하게 활용할 수 있는 토착화 작업이 필요하다. 일반 건축에서의 토착화 시도[36]는 건물 지붕 위에 갓을 씌워놓은 형상을 취한다거나 시멘트 건물의 기둥

스트라스부르 개혁교회

선을 배흘림으로 세우고 시멘트 건물에 단청을 입히거나 시멘트 건물에 창틀만을 한옥식으로 설치하는 수준에 머물고 있다. 이른바 전통 한옥 목구조나 전통 문물에서 한 부분을 취해 외형을 짜깁기하는 식의 유치하거나 초보적인 토착화 단계를 극복하지 못하고 있는 셈이다. 교회건축의 수준도 이와 크게 다르지 않다. 토착화 신학이 활성화되기 시작하는 1960년대 이후부터 신학자들

---

34 "4세기 한 모자이크는 예수의 옷을 어두운 빨강, 초록 그리고 잿빛 파랑을 함께 섞은 모자이크 조각으로 그려서 관찰자의 눈에 그 모두가 합쳐져서 움직이는 자주색으로 보이게 만들었다." 마가레테 브룬스, 조정옥 옮김, op. cit., p. 205.

35 한민족의 음양오행에 따른 색체의식은 청(목성, 동쪽, 봄), 적(화성, 남쪽, 여름), 황(토성, 중앙), 백(금성, 서쪽, 가을), 흑(수성, 북쪽, 겨울)을 의미한다.

36 국내 건축계에서는 최근까지 지속되는 토착화 논쟁에서 '한국인이 설계하고 한국의 기술로 한국재료로 한국 땅에 축조하는 것'으로 정리한 듯하다. 세계화 시대의 현대 건축에서 외형의 형태에 집착한 토착화는 일정 무리가 있다고 보는 견해가 주류이다.

의 많은 연구물[37]들이 나왔지만 최근 한국 건축가들이 서양식 거주 공간의 형태인 아파트 거주공간에 한옥 개념을 적극적으로 적용하고 있는 것[38]에 비해 정작 교회 건축에서는 토착화 신학을 크게 반영하지 못하고 있다. 외형뿐만 아니라 한옥의 건축 개념을 내부공간까지 적용하는 데는 더 많은 실험과 건축가들의 연구가 필요한 시점이다. 같은 장방형의 평면일지라도 북향배례를 하며 세로(보칸)보다 가로(도리칸, 정면) 면의 공간길이가 긴 불교사찰 건축과 다르게 서방교회의 예배공간은 전통적으로 동향배례를 하며 세로 길이가 긴 공간 형태를 취한다. 또한 사찰은 전통적으로 풍수설에 입각하여 택지를 선정해오고 있으나 기독교는 풍수설을 미신으로 간주하고 있다. 서양의 신학과 예배형태를 이식한 한국의 개신교회는 택지를 선정할 때 지형적인 이유로 인하여 지성소(제단)를 도상학적 전통에 따라 동쪽에 두지 못해도 풍수설에 따라 위치를 선정하지는 않는다.

　　서구 기독교 신학은 플라톤적인 이원론적 구조에 영향을 받아 빛은 선이고 어둠은 악이며 어둠은 물리쳐야만 하는 악의 세계로 규정했다. 중세교부들은 이 사상을 토대로 빛의 신학을 전개시켰으며 건축가들은 이것을 교회건축 공간에 반영하였다. 반면에 한국 사상의 토대는 이원론보다는 융합하는 일원론에 가깝다. 그 대표적인 예가 태극이다.[39] 외형으로는 이원론의 형태와 같으나 그 둘은 서로 융합하여 조

---

37 토착화 신학에 관해 중간 집대성된 대표적인 논문집으로는 윤성범 교수 이후 기독교사상 편집부 편, 『한국의 신학사상』(기상 300호 기념 논문집 1)(서울: 대한기독교서회, 1983)과 유동식 교수의 논문 수편을 들 수 있다.

38 한국내셔날트러스트, 『우리 집은 한옥이다』(제1회 한국내셔날트러스트 한옥전)(서울: 한국내셔날트러스트, 2007)를 참고할 것.

39 진형준, 『성상파괴주의와 성상옹호주의』(서울: 살림, 2005), pp. 24-25.

취리히 프라우뮌스터 성당 샤갈 색 유리창

화를 이루며 원형으로 하나가 된다. 전통 목구조 한옥의 공간은 대청마루와 외부 마당이 구분되지만 그러나 열린 공간으로서 외부와 내부가 하나가 되는 이치이다. 또 시간에 따라 공간에 유입되는 빛의 변화를 통해 한국의 전통적인 유불선의 복합적인 심층정서를 이끌어 내어 인간과 하나님 그리고 자연과의 상호의 관계성을 기독교적 영성으로 새롭게 고양시킬 수 있는 예배공간의 구축에 관한 연구가 필요하다.

끝말

6.

어느 종교보다도 '빛의 종교'라고 할 수 있을 만큼 기독교는 빛을 예배공간에 수용하면서 이것에 관한 신학적 성찰을 해왔다. 특히 중세 가톨릭 신학의 시각적 표현이라고 할 수 있는 유럽의 고딕 양식에서 빛의 신학은 모자이크와 색 유리창을 통해 그 꽃을 피운다. 고딕 양식과 색 유리창은 유명론자(nominalist)들이 보편논쟁을 정리하고 르네상스를 맞이할 때까지 융성하다가 19세기 낭만주의와 전례 복고운동에 힘입어 고딕 복고운동과 함께 다시 되살아난다.

개신교회는 종교개혁 운동으로 인해 그동안 가톨릭 신학과 전례를 담는 그릇과 그 표현으로 적절했던 고딕 양식과 색 유리창을 축조하지 않았다. 영국과 미국을 중심으로 한 개신교회는 고딕 복고운동의 영향을 받아 교회건축의 외형을 단순한 고딕 양식으로 건축했다. 그리고 우상숭배라는 교리를 피해서 장식용이나 예배공간 분위기 조성을 목적으로 색유리를 수용하기도 했다. 현대 개신교회는 가톨릭이나 성공회와 같은 전례적인 교회에 비해 교회에서 색을 적극 활용하지는 않지만 건축에서는 빛을 활용하는 예배공간을 조성해 오고 있다. 이 빛에 관한 신학의 기저는 가톨릭의 신학과 크게 다를 것은 없지만 대체로 말씀 중심의 공간을 구현하려는 의도가 우선하게 되면서 빛은 그를 위한 보조적인 기능을 하게 된다. 가톨릭의 화체설과 이미지에 대한 경배를 배척하는 개신교회에서 색 유리창에 새기는 이미지 형상은 논란의 대상이 되기도 한다. 이 때문에 개신교회는 추상적인 형태를 선호하기도 하지만 색 유리 설치경비가 고가(高價)이기 때문에 값싼 기성의 필름상품을 교회 창유리에 사용하는 경우가 많다. 고질의 영적인 예배 분위기 공간 창출을 위해서라도 가급적 이런 키치의 것은 피하는 것이 좋다. 빛을 차단하거나 여과하고 내부를 장식하기 위해 신학적인 성찰 없이 이러한 값싼 재질을 무분별하게 사용함으로써 예배공간을 산만한 저질의 공간으로 만드는 경우가 많다. 개신교회는 전통적이며 고전적이어서 현대 사회에서는 이미 박제가 되어 버린 것 같은 전례적인 정교회나 가톨릭교회, 성공회의 예배형태가 큰 변화 없이 오늘날까지 지속되고 있는 이유를 살펴볼 필요가 있다.[40]

최근 한국의 개신교회는 가톨릭교회가 전통적으로 사용하고 있는 다양한 도상들과 색에 대한 상징적 의미를 개신교 신학과 교회력에 따라 예배에 재조명하면서 조심스럽게 수용하기 시작하였다. '나쁜 예술(bad art)이 나쁜 신학(bad theology)으로 가는 길'[41]이라고 한 베링언(Daniel Berringan S. J.)의 말처럼 자칫하

---

[40] 양정식, 「현대예배의 올바른 이해와 접근」, 「신학과 실천」, 24(2010), p. 248.

[41] Marianne H. Micks, *The Future Present; The Phenomenon of Christian Worship*(New York: The Seabury Press, 1970), p. 158 재인용.

면 사용하지 않는 편이 예배학적으로, 미적으로 더 나은 경우가 있다. 빛과 색에 관한 개신교의 신학 정립과 또 이것을 어떻게 현대적이며 한국적인 감성으로 공간에 구축하여 좋은 영성공간을 창출할 것인지는 단지 건축가만의 몫이 아니라 예배학자와 목회자들의 공동의 몫이다. 최근 개신교회는 대안예배로서 '빛과 색'이나 '말씀'보다는 '소리'에 호소하는 듯한 '열린 예배', 감각에 의지하는 'Emerging Worship'[42]이라는 다양한 예배 양태를 수용하고 있다. 그 반면에 예배에서 점점 잃어가는 상징성을 기억해야 한다. 현대의 테크놀로지에 힘입어 많은 교회들이 첨단 악기와 음향, 조명장비를 구비하고 예배를 진행하지만 이러한 예배 형태가 얼마나 더 지속될 수 있을지는 알 수 없다. 전례를 지지하고 있는 가장 중요한 초석이 바로 빛과 색이며, 이것은 침묵 중에도 인간의 영성을 고양하는 데 가장 자연스러운 매체이기도 하다. 교회 창에 빛을 여과하여 그 원색을 순화시키는 한국 전통의 다양한 재질과 색의 창호지를 사용함으로써 한국인의 영성에 적합한 예배공간 분위기를 창출할 수 있을 것이다. 개신교회 예배에 적절한 빛을 활용한 공간분절과 한국의 전통적인 오방색에 대한 신학적 해석을 통해 교회가 이를 활용할 수 있어야 한다. 인간이 세상의 빛이며 소금이듯이 교회 자체가 세상의 빛이며 색인 것이다.

---

42 Emerging Worship이란 단 킴볼(Don Kimball)을 중심으로 일어난 다감각 예배운동이다. 인간의 감각을 활용한 예배형태로서 대체로 소그룹 예배에서 많이 사용된다. 예배 중에 시를 낭송하거나, 말씀과 함께 미술품이나 음악을 감상하고 그에 대한 느낌을 서로 공유하는 프로그램을 갖는다.

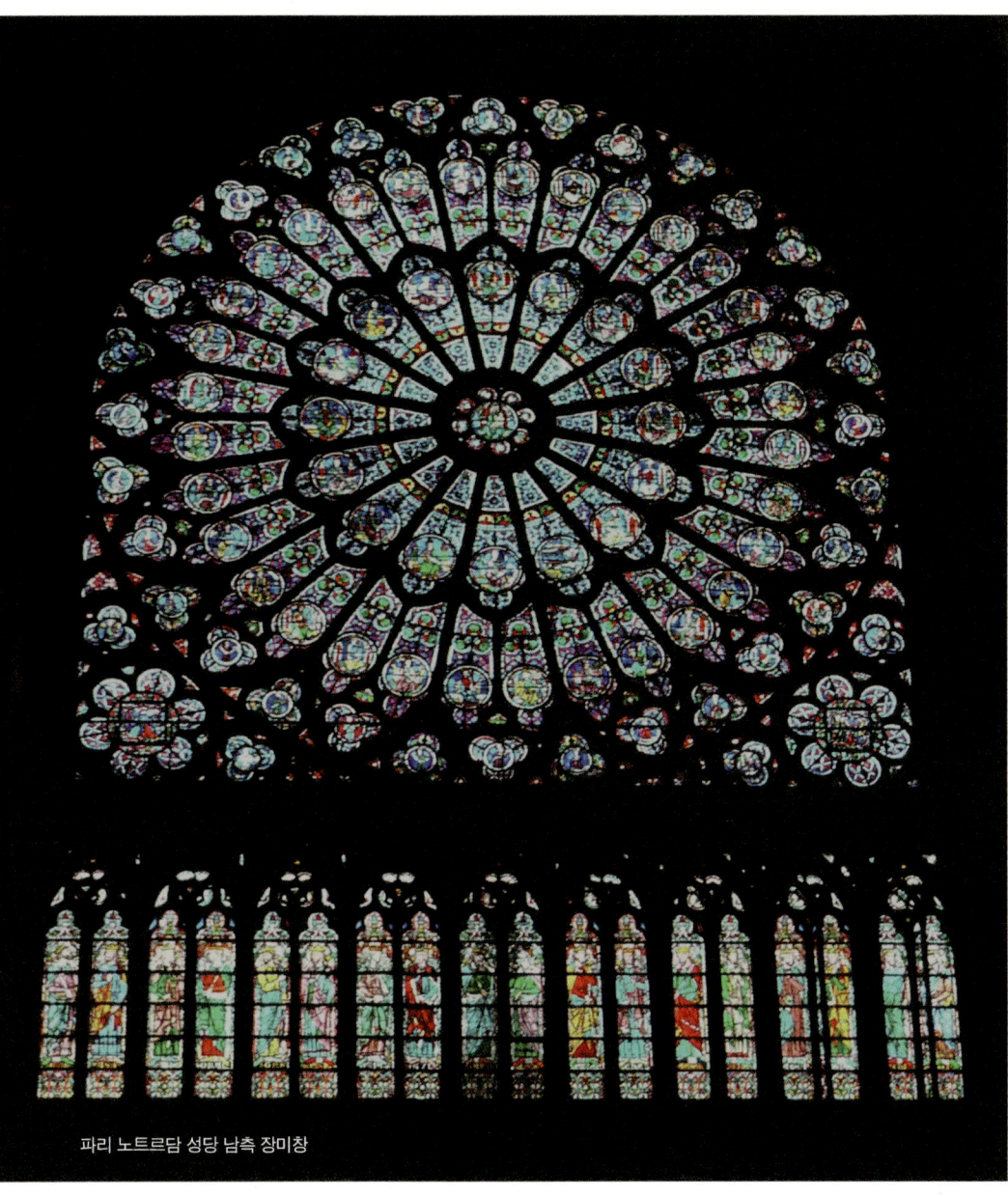

파리 노트르담 성당 남측 장미창

참고문헌

그라바 앙드레, 박성온 옮김, 『기독교 도상학의 이해』, 서울: 이화여자대학교 출판부, 2007.

김안기 편저, 『대한성공회 일상기도서』, 서울: 대한성공회출판부, 1986.

보이드 앤드류, 이옥기 옮김, 『중국의 건축과 도시』, 서울: 기문당, 1995.

브룬스 마가레테, 조정옥 옮김, 『여덟 가지 색으로 풀어 본 색의 수수께끼』, 서울: 세종연구원, 1999.

슐츠 노벅, 정영수 외 1인 옮김, 『서양건축의 본질적 의미』, 서울: 세진사, 1997.

아 켐피스 토마스, 박동순 옮김, 『그리스도를 본받아』, 서울: 두란노, 2010.

양정식, 「현대예배의 올바른 이해와 접근」, 『신학과 실천』, 24, 2010, 248.

에코 움베르토, 손효주 옮김, 『중세의 미와 예술』, 서울: 열린책들, 2000.

葉樹源, 이재훈 옮김, 『건축과 철학관』, 서울: 대건사, 1995.

이덕형, 『비잔티움, 빛의 모자이크』, 서울: 성균관대학교 출판부, 2006.

제타 베르트랑, 김택 옮김, 『건축의 르네상스』, 서울: 시공사, 1999.

진형준, 『성상파괴주의와 성상옹호주의』, 서울: 살림, 2005.

쿠마겐고, 이창우 옮김, 『신건축입문-사상과 역사』, 서울: 건축도서출판공사, 1995.

크랜들 안느 쉐이버, 김수경 옮김, 『중세의 미술』, 서울: 예경, 1991.

한국 내셔날 트러스트, 『우리 집은 한옥이다』(제1회 한국내셔날트러스트 한옥전), 서울: 한국내셔날트러스트, 2007.

홍라희 편, 『침묵의 공간』, 서울: 현대미술관회 출판부, 2008.

Eco Umberto, ed., tr. by McEwen, Alastair, *History of Beauty*, New York: Rizzoli, 2005.

Gage John, *Colour and Culture; Practice and Meaning from Antiquity to Abstraction*, London: Thames and Hudson, 1997.

Klassen Winand, *History of Western Architecture; A Semiological approach to Architecture from a Designer's point of view*, Cebu: University of San Carlos, 1980.

Micks Marianne H., *The Future Present; The Phenomenon of Christian Worship*, New York: The Seabury Press, 1970.

Morris Elizabeth, *Stained and Decorative Glass*, New Jersey: Chartwell Books, 2000.

Murray Peter and Linda, *The Oxford Companion to Christian Art and Architecture; the key to western Art's most potent symbolism*, Oxford: Oxford University Press, 1998.

Panofsky Erwin, *Gothic Architecture and Scholasticism*, New York: The World Publishing Company, 1963.

Schloeder Steven J., *Architecture in Communion: Implementing the Second Vatican Council through Liturgy and Architecture*, San Francisco: Ignatius Press, 1990.

Stemp Richard, *The Secret Language of Churches & Cathedrals; Decoding the Sacred Symbolism of Christianity's Holy Buildings*, London: Duncan Baird Publishers, 2010.

05

천장과
지붕

천장과 지붕
머리말

1.

건축물의 입면을 삼등분한다면 하분(下分)은 지하부터 초석, 중분(中分)은 기둥과 벽체, 상분(上分)은 천장과 지붕까지로 구분할 수 있다.[1] 교회건축물에서는 문, 통로, 벽체 등과 같은 건축부분들 중 하분과 중분에 관한 신학[圖像學]적인 논문들은 발견되지만, 특별히 지붕과 천장에 관한 신학적인 단일 주제의 논문은 거의 없다.[2] 종교는 건축의 형태, 평면, 공간배치, 방향, 재료까지 영향을 미쳐 왔다. 교회건축은 기독교 신자들이 한곳에 모여 하나님께 예배를 드리기 위해 마련한 건물과 공간이다. 313년 콘스탄티누스 황제의 기독교 공인 이후 교회는 박해시대의 지하 카타콤 공간에서 벗어나 지상에 건축되는 과정 중에 신학과 교리도 하나씩 자리매김하기 시작했다. 특히 예배(전례) 신학이 발전하고 정리되면서 교회 외형과 공간도 예배를 잘 진행할 수 있도록 적절하게 변천하였다. 이와 함께 건축술과 건축 재료의 발달에 따라 동방교회는 평면이 중앙집중식인 정방형태의 비잔틴 양식으로, 서방 라틴교회는 장방형의 로마네스크와 고딕 양식으로 발전하였다.[3] 그 양식과 공간배치는 각각의 전례 신학에 적합하게 조성되

---

1 서유구의 임원경제지는 유호의 목경(木經)을 인용하여 가옥을 삼분하고 있는데 들보 이상은 상분, 땅 이상은 중분, 기단은 하분으로 구분했다. 강영환, 『집의 사회사』(서울: 웅진출판, 1994), p. 258 재인용.

2 지붕에 관해 신학적 의미가 스며 있는 가장 대표적인 서적은 E. Baldwin Smith, *Dome: A Study in the History of Ideas*(Princeton: Princeton Univ Press, 1985)를 꼽을 수 있다.

3 이러한 양식들 이전에 장방형의 고대 그리스 바실리카 형태의 회당(synagogue), 그리고 장방형과 정방형의 중간 형태인 시리아 초대교회와 같은 양식도 있었다. Louis Bouyer, *Liturgy and Architecture*(Notre Dame: University of Notre Dame Press, 1967), pp. 18, 26.

었다. 교회건축은 일반 세속 건축물들과는 다르게 문, 회랑, 벽체, 기둥, 지성소와 같은 건물의 구성요소마다 그 신학적, 전례적인 의미를 부여해 왔다. 또 그 의미에 따라 성가구를 배치하고 예배공간을 구축해 왔다.

이 논문의 범주는 교회건축에서 지붕과 천장에 국한한다. 가톨릭교회를 포함한 한국 대다수의 교회가 이 땅에 전래된 이후, 교회형태는 뾰족탑, 즉 고딕을 원형으로 삼은 양식이 가장 오랜 기간 축조되어 왔으며 이 이미지는 오늘의 현대인에게까지 각인되어 있다. 교회 표지로서 지붕 위에 십자가 첨탑을 세우는 것이겠으나, 이러한 현상은 무의식중에 '교회는 곧 고딕'이라는 투영이기도 하다. 현대 한국 개신교회 건축물 지붕 위의 십자가 첨탑에 대한 비판의 일환으로서 어느 양식보다도 지붕(dome)이 강조된 비잔틴 양식과, 특히 궁륭(vault)이 강조된 고딕 양식을 중심으로 그 신학적 의미를 밝혀 보려고 한다. 특히 스콜라주의와 고딕건축의 축조방법의 유사성을 함께 살펴봄으로써 고딕의 첨탑이 주는 신학적 의미를 살펴보려고 한다.

현대 교회건축물들은 평면이 정방형인 비잔틴 양식과 장방형인 바실리카 양식을 원형으로 하여 발달해 왔다. 그러나 현대 교회건축물은 실용주의에 따라 전통적인 건축양식에서 벗어나 다양한 평면과 양식을 구현하면서 거기에 따른 건축의 신학적 의미도 미약해지고 있다. 최근 국내에서는 신축하거나 재건축하고 있는 교회들이 무분별한 건축을 지양하고, 교회건축을 위한 신학, 건축, 예배, 환경에 관한 내용을 다루는 위원회를 구성하고 있는 것은 고무적인 현상이다. 현대 한국 교회건축의 원형이 되는 서양의 중세 교회건축 양식에서 특히 지붕에 관한 신학적 의미를 살펴보는 것은 그 원형을 변형하여 축조하고 있는 한국 개신교회 건축물에 대하여

노트르담

현할 수 있는 교회지붕을 기대해 본다. 이 논문의 범주는 건축에서 지붕이라는 부분적인 요소이지만, 신학적인 측면에서 교회건축물과 형태에 유기적 관련을 맺고 있다. 천장과 지붕에 대한 신학적 이해는 교회지붕 위에 무분별하게 십자가 첨탑을 세우는 것에 대한 반성, 더 나아가 교회건축과 그 건축물을 신학적으로 이해하는 데 기여할 수 있다.

2. 천장과 지붕

한 사람의 머리 모양(hair style)의 변화에 따라 그 느낌이 다르듯이 건축물을 보며 느끼는 첫 이미지도 지붕의 형태에 따라 좌우된다고 해도 과언이 아니다. 지붕의 형태는 일조량, 적설량, 강수량과 같은 그 지역의 기후[4]에 따라 자연 발생한 거주문화의 영향과 건축술 및 건축 재료에 따라 형성된다. 햇살이 많은 지중해 연안과 일조량이 비교적 적은 유럽대륙의 지붕형태는 다르다. 신상들을 모셔 놓은 그리스 신전을 제외한 대부분의 종교건축물은 사람들이 한곳에 모여 예배를 드릴 수 있도록 하기 위한 공간에 비, 바람을 막아줄 벽체와 지붕을 구축한다. 빛이 많은 지중해 연안에는 둥근 지붕(dome) 형태의 아치형 천장인 펜던티브(pendentive)[5]에 둘러가며 작은 창들을 내어 그곳으로 빛을

---

4 기후의 유형은 고온건조, 고온다습, 대륙성, 온대성, 한대성으로 구분할 수 있으며 기후는 온도, 습도, 복사광선, 대류, 강수의 결과로 나타난다.

5 펜던티브(pendentive)는 정방형의 평면인 비잔틴 교회건축물의 원형 돔을 지지하기 위해 사용하는 구조물이다. 로마네스크 건축물 특히 이슬람 건축물에 많이 나타난다.

수용하는 비잔틴 양식이 햇빛이 적은 유럽 대륙지역에는 빛을 더 많이 수용하기 위해 고안한 로마네스크의 광탑[6]과 고딕 양식의 긴 첨두형 색 유리창이 그 대표적인 에라고 할 수 있다. 이렇게 지붕의 형태는 지역과 양식에 따라 다른데, 다른 만큼 그 지붕에 부여하는 의미도 조금씩 다르게 변천해 왔다. 또 지붕을 포함한 건축 재료의 선택은 그 지역의 산물로만 사용하는 것은 아니며 종교적 금기로 인한 재료 선택의 한계도 있다.[7] 동서를 막론하고 돌 건축처럼 상당한 노동을 요구하는 재료일수록 권위적이어서 군주나 사제가 선호했는데[8] 교회건축으로는 중세 유럽의 고딕 성당들이 그 대표적인 예이다.

1) 한국 전통 집

궁궐건축이나 불교, 유교건축을 제외하고 거주하는 집으로서 전통적인 한옥의 형태를 가늠하는 것은 현존하는 목가구 구조의 한옥 기와집과 초가집, 너와집과 같은 형태를 통해서이다. 종교건축물이나 궁궐 건축물, 민간 한옥 건물이 갖고 있는 지붕에 대한 상징적인 의미는 크게 다르지 않다. 이것은 집에 관한 민속신앙[9]을 바탕으로 하여 건물이 구축되었기 때문이다. 집의 상분에 속하는 지붕은 사람의 머

---

6 장축 십자가 형태의 서방식 교회 평면에서 십자가가 교차하는 중앙의 천장 위에 둥근 돔이나 탑을 올려 빛을 수용한다.

7 인도의 어느 지방에서는 주택에 벽돌과 기와의 사용이 금지되고 사원은 문 이외에는 나무 사용이 금지되기도 한다. 간혹 그 지역의 산물도 아니고 기후와도 관계가 없는데 종교적 영향으로 인해 재료가 선택되는 경우에 관한 사례는 Lord Reglan, *The Temple and the House*(New York: W. W. Norton & Company, Inc., 1964)를 볼 것.

8 아모스 라포포트, 이규목 역, 『주거형태와 문화』(서울: 열화당, 1995), p. 154.

9 한국의 민속신앙에서 가옥 지킴이 신은 성주신(成主神)이다. 성주는 천신(天神)이며 상주(上主)라고도 한다. 천신(天神)과 지모신(地母神) 사이에서 태어난 신인데 이것은 동양의 음양사상의 은유로서 풍수설과 연관이 있다. 집을 건축할 때나 이사할 때 좋은 날을 선택하여 성주신을 받듦으로써 집안의 평안을 기원한다. 김태곤, 『한국무속연구』(서울: 집문당, 1987), p. 66.

상공회 서울 대성당 조감

리이며 이것을 비유하여 하늘을 재현한 것이다. 이 지붕은 눈과 비를 막고 빗물의 배수를 위한 기능뿐만 아니라 하늘을 상징한 것이다. 상류층의 집인 기와지붕의 처마 선은 하늘을 상징하는 표현방식이며,[10] 평민들의 집인 둥근 초가지붕도 하늘 세계를 상징하는 양식의 성격을 가진 것이라고 한다.[11] 집의 지붕은 성주신의 머리이며 그 위에 상투가 있고 사람의 머리가 하늘을 닮도록 만들어지듯이 지붕을 인체의 머리로 표현함으로써 하늘을 표상하려 한 것이다.[12] 강영환은 지붕선의 표현방식에서 상류주택의 기와지붕이 하늘을 향해 오른 것은 하늘의 기운과 접하려는 적극적

10 강영환,『집의 사회사』(서울: 웅진출판, 1994), p. 282.

11 박용숙,『신화체계로 본 한국미술론』(서울: 일지사, 1983), p. 250.

12 강영환,『집의 사회사』, p. 284.

베네치아 성 마르코 성당

표현방식이며, 민중의 초가지붕은 만물을 포용하는 하늘의 품 안에 안겨 그 기운을 수용하려는 소극적인 표현방식이라고 말하고 있다. 이 모두 하늘의 기를 받아 복된 생활을 누리려는 의지가 상징적으로 표현된 것이다.[13] 이것은 한국의 풍수설과도 깊은 관련이 있다.[14]

2) 비잔틴 양식

구약성서에는 히브리인들의 집에 관해 묘사한 글이 많이 있다.[15] 돌집도 있었으나 주로 흙과 나무로 짓는 일반 주택과 다르게 성전은 석공들이 돌을 다듬어 지었다는 내용이 있다(왕상 5:17, 7:9). 성전은 하나님을 예배하기 위해 지은 집이면서 동시에 신이 거하는 집으로서의 개념이 강했기 때문에 견고해야만 했다.[16] 초기 기독교 예배는 로마제국의 박해를 피해 지하 무덤인 카타콤에서 시작하였는데 313년 콘스탄티누스 황제가 기독교 모임을 공인함으로써 지하교회는 지상으로 출현하기 시작했다. 그 이전, 박해받던 3세기에 순교자를 매장하고 그 무덤에서 예배를 보았는데 후에 이러한 순교자의 무덤 자리에 제단을 설치하고 교회를 세우는 것이 한동안 전통이 되었다.

비잔틴 건축양식은 5세기경 세례당이나 묘당을 중심으로 건축된 것으로 정방

---

13 앞의 책, pp. 284-287.

14 Jeong-ku Lee, "The Idea of p'ungsu in the Context of Korea", Korea Association of Contextual Theologians, *Madang* 13(2010), pp. 23-39 참조.

15 돌이 많은 팔레스타인 지역은 돌로, 가난한 사람은 진흙으로, 부자들은 나무와 석회로 지었다(삼하 9:1, 17:18, 왕상 6:15).

16 대표적인 성전으로서 예루살렘 성전, 솔로몬 성전, 즈루빠벨의 성전, 헤롯의 성전, 에스겔의 성전을 들 수 있다.

형의 평면에 둥근 지붕(dome[17])을 얹은 남유럽을 중심으로 발달한 동방교회의 건축양식이다. 지붕인 둥근 돔은 고딕 양식처럼 솟아 오른 타워와 다르게 내부에 공간 볼륨을 갖는다. 돔은 건물공간의 중심이다. 특히 남유럽의 주민들은 북유럽의 낮고 평평한 하늘에 비해 파란 하늘을 대지의 확장으로 느끼고 자신들이 거주하는 환경을 돔과 같이 둘러싸여진 공간이라고 생각했다.[18] 도상학적으로 비잔틴 양식의 정방형 바닥은 땅을 의미하고 둥근 돔은 하늘을 상징한다. 이 양식의 가장 대표적인 아야 소피아(Hagia Sophia, 이스탄불, 537) 사원은 돔의 40개 창문[19]을 통해 내부로 빛을 수용한다. 이 거대한 돔은 교회의 왕관이면서 또 우산 같아서 내부공간의 모든 사물을 그 아래 거하게 한다. 그 빛은 천상의 빛으로서 지상에 있는 모든 피조물을 비추어 명백하게 한다. 돔을 통한 빛다발로 인해 천상에서 내리워진 황금사슬에 돔이 허공에 매달린 것 같은 느낌은 빛이 물성을 해체하여 무게감 없는 영적 환영으로 변화시키기 때문이다.[20] 초기 기독교의 우주관은 신비주의와 신플라톤주의의 영향을 받아 발전하였는데, 물질계를 경시하고 신성의 초월적인 것에 관심하

---

17 돔은 반구형 건물구조체로서 원형·육각·팔각 등의 다각형 평면 위에 구축한 둥근 천장이나 지붕을 의미한다. 작은 돔은 큐폴라(cupola)라고도 한다. 돔은 라틴어의 domus dei(신의 집)에서 유래하며 주교(主敎)가 관할하며 주교의자가 있는 대성당인 duomo와 관련이 있다. 그 대표적인 돔으로는 A.D. 120년 로마의 판테온 신전(Pantheon)을 들 수 있다. 비잔틴 시대의 대표적인 건축물로서는 537년 유스티니아누스 대제에 의해 건축된 콘스탄티노플의 아야 소피아 사원의 돔이다. 로마네스크와 고딕 시대에는 리브 볼트(rib vault) 기술로 인해 돔 건축은 잠시 주춤했지만 르네상스와 바로크 시대에 와서 돔이 다시 발전하게 되었다. 그 대표적인 건축물로서는 바티칸의 성 베드로(St. Peter) 사원과 런던의 성 바울(St. Paul) 대성당을 들 수 있다.

18 Christian Norberg Schulz, *The Concept of Dwelling: On the Way to Figurative Architecture*(New York: Rizzoli International Publications, Inc., 1985), p. 40.

19 당시 숫자는 도상학적인 의미를 지니고 있었는데 소피아 사원의 돔은 40개의 리브로 나뉘어졌고 같은 수의 창문을 갖고 있다. 1층의 원기둥의 수도 40개인데 40이라는 수가 완전한 통합을 의미했다. 4개의 방위점의 기본 서수의 배수이기 때문이다. 위르겐 조디케, 윤재희·지연순 역, 『건축의 공간과 형태』(서울: 세진사, 1995), p. 95.

20 Winand Klassen, *History of Western Architecture*(Cebu: San Carlos Publications, 1980), p. 87.

베네치아 성마르코성당

며 신에 전적으로 의존하게 된 것이다.[21] 이러한 사상과 신앙에 뿌리를 둔 동방교회에서 교회는 단순한 건축물을 넘어 그리스도의 몸(Corpus Christi)을 상징했다. 돔에 그리스도 이미지[22]를 모자이크했던 것은 돔이 천상의 위계를 반영하는 우주였기 때문이며, 그리스도와 성인들이 함께 거하는 천상의 궁륭이었기 때문이다.[23] 돔에 성모 마리아를 모자이크한 경우는 로마 가톨릭교회가 마리아를 천국의 여왕으로 믿었기 때문이다.[24] 5세기 디오니시우스(Dionysius the Areopagite)는 그의 저서『천상의 위계(The Celestial Hierarchy)』에서 신의 영광은 눈부신 빛과 같아서 세상 속에서 다양한 '덮개'로 자신을 가렸다고 했다.[25] 그림도 높이 있을수록 그것은 더 성스러워지고 그렇게 느끼게 되는데, 신성한 빛은 성스러운 돔에서 발생하여 그 아래의 세속적 영역인 유심 공간으로 퍼진다.[26]

　　지붕이 원형인 경우와 다르게 건물이 원형인 경우에는 방향성을 가늠하기 어렵다. 그래서 교회건축의 경우, 제대를 동쪽에 두고 출입문을 서쪽에 둠으로써 교회건축에서의 종교적 방향성을 고착시켰다.

21 마크 젤렘터, 최아사 옮김,『보이는 건축, 보이지 않는 생각』(파주: 한길사, 2007), pp. 103-104.

22 대체로 돔에 위치한 그리스도 이미지는 판토크라토르(Pantocrator)이다. '우주의 통치자, 우주의 지배자'라는 의미인데 그리스도 머리 뒤의 둥근 후광 안에 그리스도만이 갖는 십자가를 그리고 그의 왼손은 성서를 들고, 반쯤 들어 올린 오른손의 세 손가락을 모아 축복을 하는 도상이다.

23 이덕형,『비잔티움, 빛의 모자이크』(서울: 성균관대학교 출판부, 2006), p. 192.

24 Richard Stemp, *The Secret Language of Churches & Cathedrals: Decoding the Sacred Symbolism of Christianity's Holy Buildings*(London: Duncan Baird Publishers, 2010), pp. 16-17.

25 Robert Williams, *Art Theory: An Historical Introduction*(Oxford: Blackwell Publishing Ltd., 2009), p. 48.

26 크리스찬 노벅 슐츠, 정영수 · 윤재희 역,『서양건축의 본질적 의미』(서울: 세진사, 1997), p. 137.

3) 로마네스크 양식

로마네스크 양식[27]은 장축형으로 발달한 서방의 석조 건축양식인데, 바실리카의 평평한 목조 천장을 조적조의 볼트(vault) 구조로 바꾼 것이다. 돌로 천장을 구축하는 기술로서 벽을 삼단으로 구성하고 그 위에 석조 리브 볼트(rib vault)[28]로 천장을 덮는 방식을 취했다. 후에 다룰 고딕의 천장만큼 발달하지 못한 초기 단계로 천고는 고딕 양식처럼 높지 않았다. 돌덩어리처럼 보여 매스(mass)라고 불릴 만큼 단순하고, 분명하게 기하학적으로 분절된 형태를 취한 양식으로 감성적이기보다는 이성적이며 지성적인 느낌의 굳건한 양식이다.[29]

이 당시에는 더 많은 성인들에 대한 숭배와 점차 증가하는 순례자들로 인해 교회는 공간을 율동적으로 분할하여 많은 제단과 공간을 마련하였다. 그 대표적인 교회건축으로는 스페인에 있는 산티아고 데 콤포스텔라(Santiago de Compostela, 1075)[30] 성당을 들 수 있다. 대부분의 로마네스크 양식이 그렇듯이 십자가 형태(Latin Cross)의 평면 중앙부 교차점 위에 빛을 수용하려고 광탑을 세우고 출입구 좌우에 각각 탑(twin tower)을 세웠다. 이 건물 중에 가장 높은 것이 트윈 타워인데 '하

---

[27] 8~12세기에 건축된 양식인데 바실리카 양식을 토대로 하여 화재에 취약한 목제 천장을 돌로 구축하면서 그 무게를 지탱하기 위해 벽체를 두껍게 하고 창을 반원형으로 작게 낸 양식이다. 순례가 유행하던 시기에 태동하여 이들을 배려하도록 통로가 발달하였고 실내가 어두워 주로 수도원 건축에 채용하기도 한다.

[28] 천장을 석제로 갈비뼈(rib) 모양으로 서로 교차하게 하여 궁륭식(vault)으로 구축한 것이다.

[29] 마크 젤렙터,「보이는 건축, 보이지 않는 생각」, p. 120.

[30] 예수의 제자 야고보가 순교했다고 전해지는 터에 세운 교회로서, 야고보를 상징하는 조가비를 목에 걸고 순례를 상징하는 지팡이를 들고 도보로 순례하며, 현재도 수많은 순례자들이 찾는 명소이다. 순례교회로서 대표적인 교회이다.

나는 마을의 종, 하나는 교회의 종'으로 사용하였다.[31] 이 양식은 고딕 양식으로 가는 과정 중에 있는 양식이라고도 할 수 있는데[32] 다음에 밝힐 보편주의(Catholicism)를 담는 그릇으로서의 고딕(Gothic), 즉 고딕 양식 직전의 양식으로서 향후 서구 가톨릭교회의 전성기를 암시하는 보편주의 확장의 출발을 표현한 양식이라고 할 수 있다.[33] 한편 종교적 권위가 세속적 권위에 앞선다는 것을 육중한 돌로 구축한 높은 지붕을 통해 시각적으로 표현하고 있다. 기와집과 초가집을 포함한 한국의 전통가옥도 장마철의 강수량과 단열을 위해 지붕을 두껍게 만들었으나 최근에는 냉난방시설의 급격한 발달로 인해 기후와 생활문화가 다른 유럽풍의 가옥과 교회건축물들이 다수 출현하고 있다. 국내에 건축된 대표적인 로마네스크 양식의 교회건축물인 가톨릭 전주 전동성당(1914)의 지붕은 비잔틴식, 혹은 바로크식의 작은 돔이며 성공회 서울 주교좌성당(1926)은 기와지붕에 광탑을 올렸다. 전동성당과 성공회 성당의 지붕은 신학적인 측면보다는 서구인의 시각에 한국(일제강점기)이 동방에 위치했기 때문에 비잔틴식, 그리고 기와로 토착화를 시도한 듯하다.

[31] Darby Wood Betts, "Architectural Style", Darby Wood Betts (ed.), *Architecture and the Church: An Official Publication of the Joint Commission on Architecture and the Allied Arts*(Greenwich: The Seabury press, 1952), p. 21.

[32] 건축가 제비(Bruno Zevi)는 고딕건축이란 로마네스크 건축에서 단순히 파생된 것이며, 12세기 로마네스크 건축가들이 추구했으나 별 결실 없었던 형태의 완숙이라고 하는 건축사에서 보편화된 이 개념은 잘못된 것이라고 주장한다. 이것은 기술적 진보와 예술가치의 진보 사이의 혼동에서 온 오해라는 것이다. 그러나 구조적 측면에서 로마네스크 건축가들이 시작한 실험을 계승하고 심화하여 완성했다는 점은 인정하고 있다. Bruno Nevi, Milton Gendel(tr.), Joseph A. Barry(ed.), *Architecture as Space: How to look at Architecture*(New York: Da Capo Press, 1993), p. 106.

[33] 스콜라철학에서 보편주의 논쟁의 본격적인 출발을 안셀름(Anselm, 1033~1109)으로 본다면 산티아고 성당의 건축은 그가 41세 되던 1075년 즈음이다. 이때 실재론(realism)을 주장했던 안셀름에 반하여 유명론(nominalism)을 처음 주장했던 사람은 프랑스의 로스켈리누스(Roscellinus, 1050경~1124경)이다. 그러나 이 당시 영향력이 있던 것은 안셀름의 실재론(보편주의)이었다. 유럽에 많은 로마네스크 성당이 건축되던 때 안셀름은 수도원장이 되어(1078) 프랑스와 영국에 많은 수도원을 건립한 바 있다. 단순히 연도를 기준으로 로마네스크 양식을 가리켜 보편주의 시작의 시각적 표현이라고 추정을 하는 것에는 증거 불충분으로 설득력이 없지만, 필자는 향후 전개할 스콜라철학과 고딕 양식에 관한 연결선상에서 이렇게 해석하려는 것이다.

밀라노성당

4) 고딕 양식

(1) 보편논쟁

고딕 건축양식의 시작은 프랑스 생 드니 수도원 (St. Denis, 475)의 원장이었던 슈제(Suger, 1081~1151) 가 '신의 집은 솔로몬이 세운 예루살렘 성전처럼 아름다운 것으로 가득 채워야 하며 성서를 통해 파악할 수 없는 것은 그림을 통해 가르쳐야 한다'고 주장하면서[34] 로마네스크 양식인 그 수도원의 서쪽 출입 부분부터 고쳐 가기 시작(1137~1144)한 것으로 전해진다. 주로 돌과 벽돌로 건축된 고딕 양식의 특징은 로마네스크 양식의 천장에 첨정홍예(ogival arch)[35]를 사용하여 측면의 응력을 감소시키고 벽에 아치형 버팀벽(flying buttress)을 구축하여 로마네스크의 두꺼운 벽체를 얇고 길게 변형한 점을 들 수 있다. 따라서 건물의 수직성이 강화되었고 긴 창에 색 유리창을 만들 수 있었다. 또 고층건물이 없던 유럽 중세도시의 스카이라인

서울 구로구 항동교회

---

34 Umberto Eco, *Art and Beauty; In the Middle Ages*(New Heaven: Yale University Press, 1986), pp. 6-7.
35 갈비뼈와 같은 골조의 정점에 꼭짓점을 둔 첨두아치(pointed arch)를 말한다.

(sky line)의 주된 요소가 되어 지역에서 위치와 방향의 지표역할을 하기도 했다. 특히 고딕지붕의 높은 수직적 첨탑의 형성은 구조적인 설비로 인해 발생된 것이지만, 의도적인 수직적 미를 가미한 것이며, 구름을 탐색하는 듯이 하늘을 향한 운동성을 강조한 것이다.[36]

일반적으로 서구 중세의 암흑기란 교부 아우구스티누스(Aurelius Augustinus, 354~430)의 사후 주목할 만한 학자가 없다가 스콜라주의(Scholasticism, 스콜라철학, 스콜라신학)[37]가 시작되는 스코투스 에리우게나(Johannes Scotus Eriugena, 810~880)가 출현할 때까지의 400여 년을 가리킨다.[38] 생 드니 수도원 건물의 일부를 고딕양식(초기 고딕)으로 전환했던 시기는 스콜라주의학자들 중에서 최초로 유명론(nominalism)[39]을 주장했던 로스켈리누스(Roscellinus, 1050~1120)의 제자 아벨라르(Abelard, 1079~1142)[40]가 이를 적극적으로 변증하며 주장했던 시기였다. 이때 슈제는 실재론(realism)을 옹호했던 수도승이다. 르네상스와 종교개혁이 일어나는 사상적 동인이 된 유명론이 보편논쟁에서 득세하기 전까지 중세는 실재론이 우세했으

---

36 J. G. Davies, Temples, *Churches and Mosques: A Guide to the Appreciation of Religious Architecture*(Oxford: Basil Blackwell Publisher Limited, 1982), pp. 176-177.

37 스콜라주의를 크게 3기로 구분한다면, 1기는 9~12세기의 플라톤학파의 실재론, 제2기는 13세기 전성시대로 아리스토텔레스학파의 실재론, 제3기는 13~14세기의 유명론을 들 수 있다.

38 최기원, 『서양윤리사』(서울: 휘문출판사, 1971), p. 116.

39 스콜라주의 학자들 중에서 유명론을 주장한 대표적인 인물로는 로스켈리누스(Roscellinus, 1050~1120), 아벨라르(Abelard, 1079~1142), 윌리엄 오캄(William Ockham, 1280~1347)을 들 수 있다. 플라톤적인 실재론자로는 안셀름(anselmus, 1033~1109), 그리고 아리스토텔레스적인 실재론자로는 토마스 아퀴나스(Thomas Aquinas, 1225~1274)를 들 수 있으며, 실재론자이면서 유명론에 가까운 이론을 편 사람은 둔스 스코투스(Johannes Duns Scotus, 1265~1308)이다.

40 아벨라르 엘로이즈, 정봉구 역, 『아벨라르와 엘로이즈』(서울: 을유문화사, 1975), 을유문고 179집을 참고할 것.

며 실재론자들의 사상이 긴 세월 중세신학의 중심이었고 고딕성당은 이들의 사상을 반영한 시각적 표현이었다고 할 수 있다. 또 고딕성당 건축의 전성기에 해당하는 12~13세기는 플라톤학파의 실재론과 아리스토텔레스학파의 실재론이 서로의 주장을 펼쳤던 시기이다. 이 당시 스콜라주의에서 신의 초월성에 대한 학자들의 다양한 관념들은 공간에 대한 심미적 인식(Raumgefühl, 空間感)으로 나타났다.[41] 이 공간감은 건축의 축조방법과 스콜라주의의 학문방법론에서 동시에 나타나고 있음을 알 수 있다.[42] 스콜라주의의 학문 방법론의 특징은 '신은 존재한다'라는 명제 아래서 연역적 방법론을 통해 신의 존재 증명을 전개하는 형식이다. 연역적 방법론의 특징은 전개과정의 '계층성(a scheme of division and subdivision)'과 '같은 계층성에 있는 부분들에 대한 등가성(letters of the same class are on the same logical level)'이라고 할 수 있다.[43] 이러한 분해는 고딕건축의 구성논리와 유사하다. 즉, 건물 전체는 회중석(nave)과 측랑(transept), 지성소(chevet, apse), 이렇게 세 부분으로 나뉜다. 예를 들어 회중석은 다시 양쪽에 회랑(aisle)과 제단(apse)으로 세분할 수 있다. 또 지성소는 제단(apse)과 또 다른 방사형 제단 그리고 성가대석으로 구분되며, 큰 기둥은 작은 기둥으로, 작은 기둥은 더 작은 기둥으로 분할되는데(사르트르 성당

[41] Herbert Read, *Icon and Idea*(London: Faber and Faber Limited, 1955), p. 59.

[42] Erwin Panofsky, *Gothic Architecture and Scholasticism*(New York: Meridian Books, The World Publishing Company, 1963)을 참조할 것.

[43] 전체는 책(冊, the book)으로, 책은 장(章, chapter)으로, 장은 항(項, section)으로 지속적으로 계층적으로 세분(subsection)되어 가는 것을 의미한다. 앞의 책, pp. 31-32.

성공회 강화 온수리성당

회중석 받침기둥),[44] 이러한 연역적 분할은 계층성이 희박한 로마네스크 성당에서는 나타나지 않는다.[45]

고딕건축과 스콜라주의에서 아리스토텔레스 철학과의 유사성을 볼 수 있다. 아리스토텔레스가 감각이 일어나게 하는 원인을 형상에서 구하고 질료를 부정했던 것처럼, 고딕건축도 실체감과 소재감이 해체된다.[46] 즉, 개별 안에 보편이 존재한다는 유명론자들의 주장처럼 고딕건축도 개체 안에 형상이 존재하며 개체의 집적(集積)으로 공간이 구축된 것이다. 이것은 하나의 보편이, 하나의 형상이 전체를 지배하는 플라톤적인 파르테논 신전과 다른 점이다. 당시 플라톤적 미의 규율성이라는 미의 객관적 기준에 따라서 축조하고 질료가 강조된 파르테논 신전이 아테네 도시와 분리된 이데아적인 초월적 세계였다면, 고딕건축은 개인의 주관적인 감각에 의해 체험되는 형상이 강조된 것으로서 현실적인 도시 안에 있었다는 것을 상기할 필요가 있다.

신을 유일한 정점으로 하여 플라톤적인 계층적 체계를 세우려 했던 것에 아리스토텔레스적인 주관주의가 결합하게 되는 신학적 논쟁과정을 보편논쟁이라고 한다면, 고딕성당은 이러한 체계를 시각적으로 표현한 것이라고 할 수 있다. 그 후 유명론자들에 의해 중세신학이 아리스토텔레스적인 방향으로 발전하게 되자 보편주

---

44 앞의 책, pp. 47-48.

45 로마네스크 성당의 공간은 큰 계층이 없이 종종 다른 형태의 천장으로 구분한다.

46 예를 들면, 일반적으로 개인이 돌로 축조된 거대한 고딕성당 안에 들어서면서 개인이 체험하게 되는 주관적인 공간감은 고딕건물의 형상에서 비롯된 숭고함으로 인해 종종 그 건축물의 재료(소재)를 의식하지 못한다.

성공회 서울대성당 천장

의자들은 오캄을 이단으로 정죄하였다. 그러나 르네상스와 종교개혁을 맞이하면서 보편주의를 담았던 고딕건축은 더 이상 번성하지 못하게 된다.[47]

(2) 궁륭과 첨탑

구조적인 측면에서 고딕건축의 궁륭은 천장을 가볍게 하기 위한 교차 볼트의 리브로 인해 자연적으로 수직상승의 형태를 갖게 되었다.[48] 사르트르 성당(Chartres, 1194~1225)의 경우 바닥에서 궁륭까지의 높이가 36미터를 넘는데 돌출된 벽기둥과 버팀기둥들로 인해 천장은 더 높게 보인다. 궁륭이 솟아오르는 부분까지 이어지는 버팀기둥들은 궁륭 늑재(rib)들로 인해 가지를 뻗은 나무기둥처럼 보인다. 수직성이 강조된 이 형태는 시각적인 즐거움뿐만 아니라 보는 이들의 정신을 천국으로 향하게 하는데 그 천국은 이데아이며 보편이었다. 이 수직의 기둥은 조화보다

스트라스부르 골목에 위치한 교회

---

47 유명론이란 보편으로부터 연역의 철저한 부정이었다. 가톨릭교회는 그 자체로 보편이었지만 개체와 주관을 우선하는 유명론은 보편의 부정으로 진전될 수 있다는 것을 가톨릭교회는 예감했을 것이다. 쿠마겐코, 이창우·이영 역, 『신건축입문: 사상과 역사』(서울: 건축도서출판공사, 1995), pp. 124-126.

48 구조와 형태에 관한 서적으로는 John Fitchen, The Construction of Gothic Cathedral; A Study of Medieval Vault Erection(Chicago: The University of Chicago Press, 1981) 참조할 것.

아야 소피아 사원

는 단절성이 강하지만, 통일성(unity)을 저해하지 않는 아름다움이 있다. 기둥들이 모인 기둥다발이 늑골에 와서 각각 분절되지만, 기둥들의 동질성의 희생 없이도 늑골에 와서 통일성을 갖는 것이다.[49]

고딕 대성당의 성채(fortress) 같은 높은 첨탑은 도시를 통치하는[50] 파놉티콘 (panopticon)과 같으며, 성모 마리아의 궁전이기도 했다.[51] 교회의 높은 첨탑(tower) 은 도시의 지표이면서 하나님에 의해 보호받는 성스러운 장소임을 상징했다. 또 수 많은 첨탑은 도시의 거룩함과 부(富)와 강함을 드러내는 시각적 기호이기도 했다. 6세기경에는 첨탑에 시계와 종을 달아 예배시간을 알렸고, 지역에 사람이 사망했

---

49 Otto von Simson, *The Gothic Cathedral; Origins of Gothic Architecture and the medieval Concept of Order*(Princeton: Princeton Press, 1974), p. 206.

50 Henri Focillon, "The Classic Phase of Gothic Architecture, 1938" in Robert Branner (ed.), *Chartres Cathedral; Norton Critical Studies in Art History*(New York: W. W. Norton & Company, 1996), p. 115.

51 Otto von Simson, *op. cit.*, ch. 6과 Richard Stemp, *The Secret Language of Churches & Cathedrals: Decoding the Sacred Symbolism of Christianity's Holy Buildings*, pp. 16-17.

거나 화재가 나고 위험한 일이 발생하면 그것을 알리기도 했다. 특히 뾰족탑(spires and steeples)은 기능을 위해 세운 것이 아니라 하나님이 거하는 하늘을 향한 표지였으며, 간혹 여기에 십자가나 풍향계를 달아 하나님의 현존을 상기하도록 했다.[52]

『고딕의 본성(The Nature of Gothic)』을 쓴 건축가 러스킨(John Ruskin, 1819~1900)은 그리스 신전의 지붕과 로마네스크 지붕과 고딕 지붕을 비교한다. 그는 '나뭇잎의 형태'야말로 고딕 자연주의의 기본적인 특성이며, 나뭇잎의 단순하고 순수한 형태는 은총과 강인함에 대한 순수한 표현으로서 이것을 바라보는 이들에게 즐거움을 준다고 했다.[53] 첨두의 나뭇잎 같은 고딕의 천장은 천국을 상징하는 부분이기도 했다. 예수는 다윗의 뿌리에서 돋은 그의 자손이며 샛별(계 22:16)이다. 밝힌 것처럼 중세의 교회는 '하나님의 집'이었으며, 천국을 상징하는 새 예루살렘을 환기하는 기구이기도 했다. 원형이 시작도 끝도 없는 무한성에 대한 보편적 상징이라고 한다면, 첨두형 천장은 교회의 이러한 기본 개념에 천국과 영원성에 대한 열망을 한층 부가한 것이라고 할 수 있다.[54]

비잔틴 성당의 멜리스마(melisma)[55] 창법은 교창(antiphonal)을 하는 중에 반음과 높은 천장으로 인하여 시차가 발생한다. 이때 생성되는 아름다운 화성을 천상

52 Richard Stemp, *The Secret Language of Churches & Cathedrals: Decoding the Sacred Symbolism of Christianity's Holy Buildings*, p. 15.

53 John Ruskin, *The Nature of Gothic*(London: George Allen & Unwin Ltd., 1932), pp. 68-71.

54 David Stephenson, *heavenly Vaults from Romanesque to Gothic in European Architecture*(New York: Princeton Press, 2009), p. 157.

55 목젖 떨림소리로서 한 음절에 다수의 음표를 붙이는 장식적인 성악 양식이다. 그레고리 교황은 이것은 유대교와 무슬림들이 사용하는 이교도 창법이라고 하여 금지시키고, 각 음절을 단성으로 발음하는 실라빅(syllabic) 창법으로 노래하도록 하였다고 한다.

성공회 온수리성당

의 소리라고 여기며 모든 화음을 다 수용할 수 있는 성부(part)를 최대로 확장시켰다. 그러나 서방의 그레고리 교황은 반음이 없는 단순명료한 실라빅(syllabic, plain song) 창법으로 남자 가수가 라틴어로 부르게 했다. 노랫 소리와 화성의 효과는 공간의 부피 그리고 천장의 높이와 밀접한 관계가 있다. 성부를 확장시키는 것을 오르가눔(organum)이라고 하며, 당시 이를 작곡하는 사람을 오르가니스트(organist)라고 불렀다.

5) 현대 한국 개신교회 건축의 천장과 지붕

현대 한국 개신교회 건축의 양식적 특징은 전통 민가에서 출발하여 한·양 절충양식을 거쳐 서양식으로 전개되어 왔다. 한·양 절충양식을 한국 교회건축의 토

위스콘신 매디슨 유니테리언 교회

착화기라고 할 수 있는데 더 발전시키지 못하고 양식으로 전개된 것에는 서양선교
사들의 영향과 서양식 예배를 진행하기에 적절한 공간 구축, 건축술과 건축재료,
그 밖에 다양한 시대적 요구에 의한 것이었다.[56] 특히 한·양 절충양식에서 가장 드
러나는 부분은 양식의 건물 본체에 지붕과 지붕 위의 종탑을 한옥으로 구축했다는
점이다. 현대인의 시각으로는 혼합 절충된 국적불명의 어색한 양식으로 비칠 수 있

56 이정구,「한국교회건축양식에 관한 신학적 반성」,『신학사상』, 108(2000), p. 94.

지만 교회건축에서 토착화 정신을 시각적으로 표현한 부분이 바로 지붕이었다.

초기 선교사 시절부터 가장 긴 기간 축조해온 양식은 중세 고딕 양식과 네오고딕(Neo-Gothic, Gothic Revival) 양식을 원형으로 삼아 변형한 양식과 자유로운 양식을 들 수 있다. 교회건축의 토착화 문제는 차치하고, 종교개혁을 한 이후 태동한 개신교회도 서방의 초대교회로부터 이어지는 사도적 계승을 한 보편적이며 거룩한 교회이다. 그러나 교회건축양식은 위에서 밝힌 것처럼 전례의 특성에 따라 동방교회는 비잔틴양식을 발전시켰다. 서방교회는 순례자들을 위한 건물과 수도원 건물로 적절하게 발전한 로마네스크 양식에서, 중세 가톨릭의 실재론자들의 사상과 전례, 즉 보편주의를 담은 고딕 양식으로 발전해 왔다. 개신교회 중에서 성공회와 루터교회는 가톨릭 전례의 상당부분을 전승해 왔으나, 장로교회는 칼뱅주의에 따라 가톨릭 전례를 계승하기보다는 말씀 중심의 전례를 극대화했다. 고딕 양식이 비록 가톨릭교회의 전용양식이라고 할 수는 없지만 개신교회가 굳이 고딕을 원형으로 삼은 양식으로 건축을 해야 할 신학적이며 전례적인 이유는 희박하다.

성공회가 대부분 수용한 가톨릭 전례는 감리교로 연결되었지만 상당부분 거부되고 축소되었다. 가톨릭의 고딕 양식은 19세기 옥스퍼드 운동과 함께 영국 성공회에서 네오고딕 양식으로 축조되었다. 그리고 감리교에 와서 네오고딕 양식은 더욱 축소된 양식으로 건축되었다고 할 수 있다.[57] 현대 가톨릭교회는 고딕풍의 양식

---

[57] 한국의 경우, 명동성당이 네오고딕 양식이며(1890), 성공회 주교좌교회는 네오고딕 양식으로 건축계획을 세웠다가(1910년대) 네오로마네스크 양식으로(1926) 변경하였고, 정동 제일감리교회 벧엘예배당은 네오고딕을 더욱 축소시킨 양식(1897)으로 건축하였다. 장로교회인 새문안교회는 1910년에 본당 앞면을 벽돌조 네오로마네스크풍(창문)으로 건축하였다가 1949년에는 네오고딕풍으로 건축하였다. 영락교회는 1949~1950년에 고딕 양식풍으로 건축하였으며, 충현교회는 고딕 양식이다.

으로 축조하지 않는다. 그러나 장로교는 긴 기간 초기 미국 선교사들의 취향에 의해 고딕풍으로 축조한 것을 오늘날까지 계승하여 건축하고 있음을 볼 수 있다.

또 교파와 관계없이 임대교회(상가교회) 건물 옥상지붕의 십자가 첨탑들은 그 교단의 전례나 음악의 효과와 무관하게 설치한 것이라고 할 수 있다. 평지가 많은 농어촌지역이 아닌 도시에서는 그 첨탑이 지표 역할을 할 수 있는 것도 아니다. 한 상가건물 옥상 지붕에 여러 개의 붉은 네온 십자가 탑이 세워져 있는 경우도 있다. 이에 대한 시민들의 부정적인 시각에도 불구하고 지속적으로 옥상 첨탑을 세우는 이유는 자신의 교회를 홍보하고 이웃교회와 경쟁하는 데 있다고 할 수 있다. 또 네온으로 성서구절이나 교회 표어를 붙여 놓은 조악한 첨탑을 보고 주민들이 교회를 찾아오거나 영적 각성을 할 것이라는 기대를 하기가 쉽지 않음에도 불구하고 이러한 현상은 지속되고 있다.

자유로운 현대식 교회건축물의 지붕 형태는 자유로운 그 건축 형태들만큼이나 다양하다. 그리고 교회지붕 위의 십자가 첨탑이나 독립된 십자가 탑이 교회 본당 건축물과 조화를 이루지 못하는 크기와 형태로 설치되는 경우가 많다. 여기에는 교회 목회자와 교인들의 요구를 건축가가 부득불 수용하는 경우도 많다. 본당 건축물과 함께 십자가 첨탑에 관해 나름의 신학적 의미를 부여할 때 특히 첨탑은 본당과의 유기적인 환경조형물, 공공조형물로서 교회와 건축가, 조각가가 합의하여 제작, 설치하는 것이 바람직하다.[58] 최근 대형 개신교회들은 지붕을 대형 경기장과 같

58 이정구, 『한국교회건축과 기독교미술 탐사』(서울: 동연, 2009), pp. 26-29.

은 원형지붕으로 축조하는 경우가 있으며 간혹 그 돔을 개폐할 수 있는 기계장치를 설치하기도 한다. 이것은 돔 천장에 대한 동방교회의 '천상'이라는 신학적 개념과 유사하거나, 하늘에 대한 교회의 관심을 고양시키려는 신앙적 의지의 적극적 표현[59]이라고 할 수 있다. 한편 이것은 한 공간 안에 대규모의 인원을 수용하고 현대의 매머드 공연과 같은 예배를 효과적으로 진행하기에 적절한 음향효과와 공기순환을 위한 고가(高價)의 장치이기도 하다.

끝말

3.

모든 건축물에는 지붕이 있다. 지붕은 지역마다 민속적인 상징적 의미를 지니고 있다. 한국의 기와지붕 처마 선은 하늘을 상징하는 표현방식이었으며, 평민들의 집인 둥근 초가지붕도 하늘 세계를 상징하는 것이었다. 초기 기독교의 우주관은 신비주의와 신플라톤주의의 영향을 받아 발전하였고, 그에 따라 신성의 초월적인 것에 관심하면서 교회건축물의 지붕도 그 건축양식마다 신학적 의미를 지녀왔다. 이러한 사상과 신앙에 뿌리를 둔 동방교회에서 교회는 그리스도의 몸(Corpus Christi)을 상징했다. 돔은 천상의 위계를 반영하는 우주였으며 천상의 궁륭이었다. 서양의 중세 고딕건축양식의 출현은 건축술의 발달, 재료의 개발과 같은 공학적 발전에 기인한다. 그와 함께 11세기 초, 생 드니(St.

---

[59] 서울 강동구에 소재한 신축 중인 대형교회의 원형 지붕을 개폐식으로 한 것에 대하여 그 교회 당회장은 '교회가 그동안 땅에 관심이 있어 왔는데 앞으로는 하늘에 대한 관심을 고양시키기 위함'이라고 설명했다(2011. 2 모임).

Denis) 수도원장이었던 슈제(Suger)가 척박한 중세사회에서 존엄하고 성스러우며 영원한 '하나님'의 도성을 세상에 보여 주기 위한 개인적인 신학적 취향에 의한 것이기도 했다. 이 양식은 스콜라주의의 보편논쟁과 그 연역적 방법론에 깊은 연계성을 갖기 시작했다. 특히 첨두형 천장은 천상의 궁륭이라는 기본 개념에 천국을 조금 더 가까이하려는 열망과 영원성에 대한 갈망을 한층 부가한 것이라고 할 수 있다.

현대 한국의 개신교회는 별다른 신학적 반성 없이 긴 기간을 가톨릭의 전례와 밀접한 관련이 있는 고딕 양식을 원형으로 하여 교회건축을 해왔다. 이것은 러스킨이 '교회는 곧 고딕'이라고 했던 서구 가톨릭교회의 전통적이며 상징적인 의미에 기초한 것이었다고 할 수 있다. 한국 개신교는 루터가 시편 51편 강해에서 말했던 '십자가 중심'의 신학과 교회의 정체성을 드러내기 위해 지붕 위에 높은 첨탑을 구축

해 왔다고 할 수 있다. 자유로운 현대식 교회건축물의 지붕의 형태는 자유로운 건축형태만큼 다양하다. 또 지붕의 형태에 따라 본당 건물의 느낌도 달라진다. 임대 (상가)건물의 지붕에 세운 수많은 붉은 네온 십자가들은 전례와 신학적인 의미 때문이 아니라, 세간의 비난에도 불구하고 교회의 홍보를 위해 세워지고 있다. 교회는 지붕과 그 위의 십자가 첨탑에 관한 신학적 의미를 구축함으로써 그 난립을 절제해야 한다. 동시에 교회건축물의 공공성의 측면에서[60] 특히 첨탑은 교회건물과 함께 환경조형물, 공공조형물로서 교회, 건축가, 조각가가 합의하여 제작하는 것이

[60] 이정구, 「교회통로에 관한 신학적 의미」, 『신학논단』, 63(2011), p. 207.

바람직하다. 첨탑으로 인해 교회건축물 자체가 부정적인 이미지로 비춰지게 되면 기독교가 부정적으로 인식될 수 있다는 점을 유념해야 한다.

고층화되어 가는 현대 교회건축에서 초기 한국건축의 한·양 절충양식처럼 교회지붕이나 종탑과 같은 특정부분만을 전통 한옥식으로 구축하는 것은 시대적으로 적절하지 못하고 건물이 조화를 이루기 어렵다. 그러나 기와 같은 재료와 처마선 같은 한국 고유의 전통 건축언어를 활용하여 현대적인 토착화를 시도해 볼 수 있는 가장 적절한 부분이 천장과 지붕이라고 할 수 있다. 다른 목적의 건축물에 비해 교회건물의 정체성을 드러내 보일 수 있는 부분도 지붕이다. 그러나 교회건축을 설명하고 지지하는 건축신학은 그 건물이 놓이게 될 장소성과 환경을 무시하며 정체성을 강조하려는 형태를 결정하도록 해서는 안 된다.[61] 국내 유수의 건축가들이 교회건축에 지속적으로 토착화를 시도하고 있는 것은 고무적이다. 이러한 과정을 거쳐 한국 전통의 건축언어와 토착화 신학이 조우하여 현대적으로 표현될 한국의 교회건축을 기대해 본다.

---

[61] 건축가 승효상은 동양의 '비움(虛)'을 가난(貧)과 유비하는 건축철학으로 그의 작품을 수행하고 있으나 그와 이로재가 설계한 노출식 콘크리트구조에 유리로 외피를 부분 구성한 현대식 안산 동산교회를 보면 교회건축의 토착화 일환으로 이 사상을 접목하기가 용이하지 않음을 알 수 있다. 경동교회를 설계한 고 박수근은 교회 본당 출입동선을 겟세마네 동산으로, 본당 내부를 노아의 방주로 설계했다. 이 경우 형태의 미적 조형성은 구축했을지라도 동선과 본당의 유비적인 성서적, 신학적 연계성과 주변 환경과 교회의 장소성을 충분히 고려했다고 보기는 어렵다. 사상(신학)을 시각적으로 표현(교회건축)한다는 것은 단순히 형태를 결정하는 일만이 아니라 공간의 분위기와 미래의 장소성까지 연결해야만 하는 고난의 작업이다. 시멘트로 구축한 세종문화회관은 한국 목구조 전통 기둥언어를 도입했으며 김석철이 설계한 예술의 전당은 지붕 가운데에 선비의 갓 형상을 도입했다. 건축물의 어느 한 부분에 전통적인 것을 도입한 경우 그 부분과 건축물과 전체적인 조화를 이루지 못할 경우 토착화라고 하기보다는 그 과정이라고 해야 적절하다.

카파도키아 동굴 천장

참고문헌

강영환, 『집의 사회사』, 서울: 웅진출판. 1994.

겐코 쿠마, 이창우·이영 역, 『신 건축입문; 사상과 역사』, 서울: 건축도서출판공사, 1995.

김태곤, 『한국무속연구』, 서울: 집문당, 1987.

노벅 슐츠 크리스찬, 정영수·윤재희 역, 『서양건축의 본질적 의미』, 서울: 세진사, 1997.

라포포트 아모스, 이규목 역, 『주거형태와 문화』, 서울: 열화당, 1995.

박용숙, 『신화체계로 본 한국미술론』, 서울: 일지사, 1983.

엘로이즈 아벨라르, 정봉구 역, 『아벨라르와 엘로이즈』, 서울: 을유문화사, 1975.

위르겐 조디키, 윤재희·지연순 역, 『건축의 공간과 형태』, 서울: 세진사, 1995.

이덕형, 『비잔티움, 빛의 모자이크』, 서울: 성균관대학교 출판부, 2006.

이정구, 『한국교회건축과 기독교미술 탐사』, 서울: 동연, 2009.

____, 「한국교회건축양식에 관한 신학적 반성」, 『신학사상』, 108, 2000.

____, 「교회통로에 관한 신학적 의미」, 『신학논단』, 63, 2011.

젤렘터 마크, 최아사 옮김, 『보이는 건축, 보이지 않는 생각』, 파주: 한길사, 2007.

최기원, 『서양윤리사』, 서울: 휘문출판사, 1971.

Betts Darby Wood, "Architectural Style", Betts, Darby Wood(ed.), *Architecture and the Church: An Official Publication of the Joint Commission on Architecture and the Allied Arts*, Greenwich: The Seabury press, 1952.

Bouyer Louis, *Liturgy and Architecture*, Notre Dame: University of Notre Dame Press, 1967.

Davies J. G., *Temples, Churches and Mosques: A Guide to the Appreciation of Religious Architecture*, Oxford: Basil Blackwell Publisher Limited, 1982.

Eco Umberto, *Art and Beauty; In the Middle Ages*, New Heaven: Yale University Press, 1986.

Fitchen John, *The Construction of Gothic Cathedral: A Study of Medieval Vault Erection*, Chicago: The University of Chicago Press, 1981.

Focillon Henri, "The Classic Phase of Gothic Architecture, 1938", in Branner, Robert (ed.), *Chartres Cathedral; Norton Critical Studies in Art History*, New York: W. W. Norton & Company, 1996.

Klassen Winand, *History of Western Architecture*, Cebu: San Carlos Publications, 1980.

Lee Jeong ku, "The Idea of p'ungsu in the Context of Korea", Korea Association of Contextual Theologians, Madang 13, 2010.

Norberg Schulz Christian, *The Concept of Dwelling: On the Way to Figurative Architecture*, New York: Rizzoli International Publications, Inc., 1985.

Panofsky Erwin, *Gothic Architecture and Scholasticism*, New York: Meridian Books, The World Publishing Company, 1963.

Read Herbert, *Icon and Idea*, London: Faber and Faber Limited, 1955.

Reglan Lord, *The Temple and the House*, New York: W. W. Norton & Company, Inc., 1964.

Ruskin John, *The Nature of Gothic*, London: George Allen & Unwin Ltd., 1932.

Smith E. Baldwin, *Dome: A Study in the History of Ideas*, Princeton: Princeton Univ Press, 1985.

Stemp Richard, *The Secret Language of Churches & Cathedrals: Decoding the Sacred Symbolism of Christianity's Holy Buildings*, London: Duncan Baird Publishers, 2010.

Stephenson David, *heavenly Vaults from Romanesque to Gothic in European Architecture*, New York: Princeton Press, 2009.

von Simson Otto, *The Gothic Cathedral; Origins of Gothic Architecture and the medieval Concept of Order*, Princeton: Princeton Press, 1974.

Williams Robert, *Art Theory: An Historical Introduction*, Oxford: Blackwell Publishing Ltd., 2009.

Zevi Bruno, Gendel Milton (tr.), Barry Joseph A. (ed.), *Architecture as Space: How to look at Architecture*, New York: Da Capo Press, 1993.

06

공간위계

공간위계
머리말

1.

건축에서 바닥의 규모는 공간 형성의 기본 경계이며 기둥은 벽체와 지붕을 지지하는 구조적인 버팀 기구이다. 건축물은 역마름모 형태로 기초바닥보다 공간이 더 넓게 축조된 건축물이든 공중에 매달린 건축물이든 기초바닥 위에 구축된다. 포스트모던 건축[1]에서 기둥이 없는 건축물이 출현했지만 벽체가 그 기능을 대신하고 있을 뿐이다. 모든 건축물은 기초바닥의 양을 기본으로 건축공간의 기본경계가 발생하며, 공간경계를 시각화하고 건물의 구조적인 버팀을 위해 바닥 위에 기둥과 벽체를 세운다.

건축은 공간의 지배이고, 장소의 창조이며, 인간의 환경에 새롭고 특별한 질서를 부여하기도 한다.[2] 이 글의 주제는 교회건축에서 공간배치에 관한 것이다. 건축에서 바닥에 대응할 수 있는 부분을 천장이나 지붕이라고 정의할 수는 없지만, 입체적 공간의 측면에서는 바닥을 기본으로 삼아 공간을 분절하게 된다. 서양 교회건축의 지붕은 양식사적 측면에서 크게 동방 비잔틴의 둥근 지붕인 돔(dome)과 서방 고딕의 첨두형 지붕으로 구분할 수 있다. 이 둘은 모두 천상을 향한 신앙을 표현한 것이다. 반면에 바닥의 형태는 건축의 양식에 따른 큰 차이가 없다. 사각형의 바닥은 지붕과 상응하는 세상, 즉 지상을 의미한다. 한편 생활 주거 공간을 포함한 모

---

1 건축에서 포스트모던이란 용어는 미국의 건축가이며 평론가인 찰스 젠크스(Charles Jencks)가 1978년 *Architectural Design*지에 실은 논문에서 포스트모던 양식과 후기 모던양식을 구분하면서부터이다. 그는 1980년대의 건축 프로젝트를 예로 들어 그 특징을 '절충주의'라고 정의하고 포스트모던의 본질은 다른 장르의 포스트 문화와 동일하게 '다가치성'에 있다고 했다.

2 에드워드 렐프, 김덕현 외 2인 역, 『장소와 장소상실』(서울: 논형, 2005), p. 65.

든 건축의 평면은 공간의 기능과 목적을 건축 터의 모양과 방향, 크기와 지형에 맞추어 구성된다.

이 논문은 넓은 의미에서 교회건축의 장소와 그 장소성에 관한 연구이다. 그러나 교회건축의 장소와 공간 그 자체에 관한 연구는 아니다. 교회건축의 바닥은 인간이 생활하는 이 세상을 의미한다는 통설을 전제로 하기 때문이다. 이 논문은 교회가 예배와 목회, 선교적 기능뿐만 아니라 다른 복합적인 목적으로 교회 내부공간을 위계적으로 분절하는 것에 관한 연구이다. 또한 동방교회의 정방형 공간보다는 서방교회의 장방형 평면을 기본으로 삼고 있는 현대 한국의 교회건축은 어떤 이유로 교회 내부공간을 분절하고 점유하고 있는지에 대한 비평이다. 즉, 예배기능뿐만 아니라 다양한 목회적 직능을 효과적으로 수행하기 위해 구축한 평면구성과 의도적인 공간배치의 위계성에 대한 신학적 분석이다.

현대 한국교회는 전통적인 서양교회 건축과는 달리 제한된 대지면적 때문에 '고층으로 건축'하고 그 내부를 다양한 기능공간으로 분절해 사용하고 있다. 예컨대 교회 공간은 크게 대예배실(main chapel), 소예배실, 당회장실, 로비(사무실), 주차공간, 식당공간으로 구분할 수 있다. 그렇다면 어떤 이유로 어디, 어느 층에 각각의 공간을 배치하였을까? 교회의 선교신학과 정책에 따라 다소 차이는 있겠지만, 교회 공간을 기능별로 구획해본 위의 여섯 공간의 위계는 교회의 본질을 '예배하는 처소'로 상정한다면 대예배실을 최우선으로 하여 공간의 위계를 설정한다. 그 위계는 교회의 본질을 토대로 하여 교회의 선교적인 사명을 신학적, 목회적으로 수행하기 위해 배치해야 함에도 불구하고 목회자의 개인적 과시와 교회의 양적 팽창을 위한 것이 기준이 되고 있다. 이 논문은 현재 저마다의 기능을 수행하고 있는 각각의 공간에서 진정으로 어떠한 바람직한 목회적 사건이 일어나야 하는 것인지에 대한 제안이며 비판이다. 그 의의는 한국의 고층건물 교회가 공간분절을 위해 유념해야 할 부분들과 이미 구축된 공간에 대한 비판을 통해 교회 공간에 대한 공공성 인식을 함양하는 데 있다.

기능 공간

2.

모든 건축물은 일정한 터에 건축되는데 그 터가 지닌 역사성이 건축의 장소성이다. 장소성은 단순한 터라는 개념을 넘어 특정한 사건이 일어난 곳을 의미한다. 고대 그리스에서 광장이란 절대공간을 집약하여 놓은 장소로서 비워 놓아야만 에클레시아(ecclesia)가 열릴 수 있었다. 그러나 로마의 광장은 연단을 포함하여 다양한 국가 기념물들에 의해 점유된 장소로서 그리스 광장과는 달랐다.[3] 교회건축은 그리스보다는 로마의 영향 아래 발전했는데, 그리스 건축은 형태와 구조가 밀접히 관련된 것에 비해 로마건축은 분열되고 분리되어 항상 기능을 충족시키기 위해 배치되었다. 초대교회부터 유럽의 교회는 대체로 순교자가 죽어 묻힌 사건이 있는 무덤 터에 교회를 세우고 동향(東向)에 제단을 설치하는 것이 상례였다.

한국의 현대 교회는 좁은 국토에서 빈번히 발생하는 도시개발과 인구의 집중화로 인해 전통적인 도상에 따라 교회 터를 마련하고 과거 성탄카드에서 볼 수 있었

---

3 Henri Lefebre, *The Production of Space*, Donald Nicholson-Smith(trns.), Oxford: Blackwell Publishers Ltd., 1996, p. 237.

교 회 건 축 의 이 해 ■
공간위계

던 '낭만적인 풍경'[4]의 교회를 건축하는 것은 불가능해졌다.[5] 지형과 지역상황, 경제적 상황으로 인해 제한된 터에 교회를 건축하고, 교회가 수행할 모든 목적과 기능을 충족할 수 있도록 그 내부를 분할하기란 불가능하다. 목적과 기능에 따라 공간 분할을 했을지라도 모든 구성(composition)은 그 형태로 내용을 갖고 관념을 표출하며[6] 또 그 공간을 체험하는 자의 감정에 의해서 그 구성은 다르게 체험되는[7] 미학적인 문제는 남게 된다. 따라서 일방적으로 주어진 강요된 공간의 크기와 배치 및 위치가 사용자의 기대에 어긋나면 사용자는 정서적으로 불만을 갖게 되며, 그 공간을 사용할 때마다 불편함과 그에 대한 불만으로 인해 사용 빈도

과천 경마장 파놉티콘

---

4 교회 이미지가 낭만적이어야 할 필요는 없으나 이러한 풍광 이미지는 이를 보는 사람의 종교적 감성을 고양시키고 일상의 정서를 순화하는 순기능을 했다. 그러나 대도시 대로변에 고층빌딩으로 축조된 현대 한국 대형개신교회의 풍경 이미지는 대부분 상업적이며 권위적이고 배타적인 이미지이다. '이미지에 관한 풍경'에 대한 문헌으로는 마르틴 마른케, 『정치적 풍경』 (서울: 일빛, 1997)을 볼 것.

5 장소의 역사성을 무시한 채 개발함으로써 그 지역의 오랜 전통(문화)과 장소에 대한 기억이 점점 사라지고 있는 것에 대한 비평을 팔림프세스트(Palimpsest)라는 단어로 설명을 하기도 한다. 이것은 과거 종이가 없던 시대에 양피지 위에 글을 기록하고 그 양피지를 재사용하기 위해 그 전에 썼던 글을 지우고 그 위에 다시 글을 기록할 때, 전에 썼던 글자가 완전 지워지지 않은 채 배어 나오는 현상을 의미한다. 이것은 장소의 기억성을 말할 때 조경학이나 건축철학 혹은 문헌학에서 종종 사용하는 단어이기도 하다.

6 대체로 정방형은 안정되고, 직사각형은 거만하며 강력하고, 황금분할은 쾌적한 느낌을 주는 것을 말한다.

7 파나요티스 A. 미헬리스, 『건축미학』(서울: 까치글방, 2007), p. 127.

가 떨어지게 된다.

공간을 분할할 때는 이용할 사람들의 의견의 최대공약수를 산출하여 분할하는 것이 가장 바람직하다. 푸코가 말했듯이[8] 권력자는 자신의 편의에 따라 임의로 공간을 분할하고 제공한 공간을 사용하도록 강요하거나 익숙하도록 만드는 경우가 많다. 최근 국내에 신축한 고층 교회건물의 교회건축비 대부분을 헌금하고 있는 교인들의 의견이 수렴되는 부분은 교회의 외형에 한정되고 공간의 위계와 분할에 관한 것은 대체로 배제되고 있다. 기능에 따라 공간을 분할하고 위치시키는 것은 당회장과 교회 내 권력이 있는 소수 임직자들의 결정사항이 되는 경우가 많다.

1) 본당 구성

서방교회의 본당평면은 바실리카의 장방형을 기본으로 삼아 변형, 발전해 왔다. 그 내부 구성은 본당에 출입하여 예배당으로 출입하는 완충장소로서 사람들이 모여드는 '현관(gathering place, narthex)'과 예배공동체가 모이는 '예배당(worship place)'이다. 예배당은 회중석(nave), 회랑(path, aisles), 십자교차점 중앙공간을 중심으로 십자가 형태의 팔에 해당하는 좌·우 익랑(transepts), 성가대석 그리고 제대(altar)를 설치하는 동편(東便)의 지성소(제단, sanctuary)로 구분할 수 있다. 중세

---

8 1791년 영국의 철학자 벤담(Jeremy Bentham)이 죄수들을 교화할 목적으로 고안했던 원형 감옥을 파놉티콘(panopticon)이라고 한다. '모두를 다 본다'라는 의미인데, 사방을 살필 수 있는 감옥 중앙의 원형공간에 높은 감시탑을 세우고 그 원 둘레에 원으로 돌아가며 죄수들의 방을 만들었다. 감시탑은 어둡게 조명하고 죄수의 방은 밝게 함으로써 감시자의 시선이 어디로 향하는지를 죄수들이 알 수 없도록 의도한 것이다. 결국 죄수들은 자신들이 언제나 감시받고 있다는 느낌을 갖게 됨으로써 죄수들 스스로 규율과 감시를 내면화하여 스스로를 감시하게 된다는 것이다. 이 이론은 1975년 프랑스의 철학자 푸코(Michel Foucault)가 그의 저서 『Discipline and Punish(감시와 처벌)』에서 현대사회 구조와 비유함으로써 새로운 주목을 받기 시작하였다.

유럽의 대성당(cathedral)을 포함한 지역의 큰 교회는 회랑과 익랑 그리고 지성소에 다수의 작은 예배실(chapel)들을 설치했다. 성가대석은 2층이나 지성소에 배치하는 경우도 있고 지성소에 가까운 장소에 회중석보다는 조금 단을 높여 배치하기도 한다. 그리고 설교대와 성경 독서대는 회중석 한 지성소 위치에서 제대 위치보다는 낮은 곳에 설치하였다.

말씀 중심의 현대 한국의 개신교회는 전례적인 교회에서 제대가 있는 지성소 중앙 십자가 밑 위치에 성경 받침대를 놓고, 그와 같은 높이로부터 회중석에 가까운 지성소 끝자락에 설교대를 설치하는 경우가 많다. 전통적으로 중세 가톨릭교회에서 설교대는 회중석에서 볼 때 지성소의 왼편에 위치했는데 최근에는 지성소 중앙에 위치하는 경우도 많다.[9] 한 공간, 한 평면에서도 용도가 다른 각각의 성구(聖具) 위치의 높낮이와 예배 프로그램의 중요한 순서로 벽 없이 공간을 분절하고 위계화하고 있다. 불교에서도 가람의 공간배치의 위계는 부처의 위상에 따르고 있다.[10]

2) 대예배실

회중석은 회당(synagogue, 약 2:2)이라고 불렀다. 회중석에서 제단과 제대까지의 계단 수는 법으로 정해진 것은 아니지만 전통적인 도상에 따르면, 지성소는 회중석에서 3계단 위에 설치하고 지성소에 있는 제대는 회중석에서 7계단 혹은 3

---

[9] 성공회 서울 주교좌교회는 기존 지성소에 있던 설교대를 철거하고 이동식 설교대를 지성소에 가까운 회중석 앞으로 이동하여 사용하고 있다.

[10] 예로, 불국사의 가람 위상은 석가모니가 주재하는 대웅전 영역, 아미타의 극락전 영역, 비로자나의 비로전 영역으로 구분된다. 대웅전을 중심으로 하여 극락전은 이보다 낮은 터의 왼편에 위치하고 있다.

계단 위에 설치해 왔다. 7이라는 수는 에스겔서 41~42장에 기록된 에스겔이 본 예루살렘 성전의 지성소에서 유래했다는 설이 있다. 6세기경 에스겔이 측량한 표준 치수는 인간 몸 크기를 기준으로 6척을 한 장대로 삼아 측량한 것인데,[11] 일반적으로 한 단은 성인 남녀의 한 발짝 폭인 60~64센티미터로 상정하고 있다.[12] 기독교에서는 어느 수보다도 7의 수가 상징하는 의미가 가장 많은데,[13] 이 많은 의미들 중에서 지성소, 혹은 제대와 연결할 수 있는 상징은 성령의 7가지 은사가 가장 적절하다고 할 수 있다. 3의 수는 삼위일체와 그리스도께서 무덤에서 사흘 만에 부활하신 것과 '믿음, 소망, 사랑' 등을 의미한다.

폴 틸리히(Paul Tillich)는 개신교는 보기(seeing)와 듣기(hearing) 두 가지가 지성소에서 균형 있게 자리해야 한다고 하였는데, 이것은 주님의 만찬을 통한 회개하는 공동체 의미로서, 성찬 테이블(table)과 말씀의 교회로서 설교대(pulpit)를 의미한다.[14] 그리스도의 무덤, 혹은 그리스도의 몸으로 상징하는 가톨릭교회의 경우에는 제대 위치의 3의 수를 그리스도께서 무덤에서 사흘을 지내셨던 것과 연관 짓기도 하는데 이 모두 적절한 의미라고 할 수 있다. 현대 교회는 이러한 전통적인 도상적 의미를 유지하지는 않고 오히려 지성소와 회중석 사이의 거리와 높이를 좁혀 가

---

11 손바닥 길이와 폭, 뼘(한 발의 길이), 피트, 척(팔꿈치에서 가운데 손가락 끝까지의 길이)은 시대와 지역에 따라 조금씩 달랐다지만 18세기 미터법이 나올 때까지 통용되었다.

12 에블린 페레 크리스탱, 『계단: 건축의 변주』(서울: 눌와, 2007), pp. 74-75.

13 욥의 세 친구가 욥에게 문병을 와서 7일 주야로 땅에 앉아 그를 바라본 이야기(욥 2:13), 일곱 가지 죄악, 일곱 가지 기쁨, 성모 마리아의 일곱 가지 애통, 일곱 가지 성령의 은사 등을 들 수 있다.

14 Paul Tillich, *On Art and Architecture*, New York: The Crossroad Publishing Company, 1987, p. 196.

고 있는 추세이다. 회중석과 유리된 지성소의 위치는 성례전을 진행하고 말씀을 선포하는 성직자의 권위를 고양시키고 표현했다. 그러나 다수의 현대 교회가 지성소를 회중석보다 한 단계 위에 설치하는 것은 가능한 한 회중이 함께 참여하는 예배를 드리기 위한 신학에서 비롯된 시각적 산물이다.

현대 교회에서 회중석에서부터 지성소와 설교대의 높이를 낮춘 것은 성직자 중심의 교회론을 극복한 듯이 보이지만, 비록 지성소가 회중석에서 비록 한 단 높이에 위치해 있을지라도 그 한 단의 높이가 수미터에 달하는 대형교회들의 권위적인 지성소는 여전히 축조되고 있다. 이것은 유럽의 중세교회와 성직자의 권위가 현대식으로 재창출된 이미지이다. 주로 주일에만 사용하는 대예배공간의 활용을 극대화하기 위한 것과 교회건물의 공공성 차원에서 예배공간을 '다용도 문화 공간'으로 구축하는 것이라는 명목 아래 공연장과 유사한 구조로 신축하거나 개축하고 있는 것이 최근 대형 개

서울 목동 모 교회

신교회의 추세이다. 실제로 그 예배공간에서 다양한 음악회를 개최하고 또 결혼식장으로 사용하기도 한다. 이를 위해 음향과 조명 시스템을 비롯하여 흡음설비까지 구축하는데 그 설치비용이 크다. 그러나 이러한 일련의 설비들은 주일에 목회자가 말씀을 선포하고 CCM을 비롯한 복음성가와 성가대가 공연을 하는 데도 필요한 설비이기도 하다. 회중석에도 극장식 의자를 설치함으로써 일석이조를 기획한 예배문화공간이라고 할 수 있다.

예배실 구조가 공연장 형태로 정형화되어 가면서 개별식 회중석 의자를 비치

하는 경우는 점점 줄어가고 있다. 반면에 한국은 지방자치제를 실시한 이후 각 지역마다 천문학적인 건축비용을 들여 매머드 문화예술 공간을 경쟁하듯이 구축하고 있는데[15] 대부분 그 사용빈도가 낮아 운영 적자로 인한 국민세금 낭비로 주민들의 빈축을 사고 있는 상황이다.

대형교회의 예배당과 지역사회의 문화공간을 포함해 문화공간을 누가 얼마나 이용하고 있는지를 조사할 필요가 있다. 자칫 교회의 문화공간이 제한된 신앙공동체만을 위한 것인지, 교회와 목회자의 대외적 과시의 표시인지는 교회가 기획하고 있는 그 프로그램과 그 행사에 참여하는 사람들을 통해 추정할 수 있을 것이다. 미국의 새들백 교회(Saddleback, California)처럼 급성장한 대형교회의 목회와 예배방식이 한국교회에 유입이 되면서, 예배공간은 기존의 말씀 중심의 공간에서 공연장 공간으로 변화했다. 교회의 규모에 관계없이 각종 대중음악 악기가 지성소를 채우고 있는 추세이다.[16]

과거 작은 하나의 예배공간 안에서 성탄극을 공연하고 성가대가 노래했던 소박한 예배공간과 현대의 대형 다용도 예배공간 안에서 현대인들이 느끼는 영적 감성에 대한 비교분석은 필요한 연구이다. 또한 지성소 중앙 십자가를 중심으로 설

---

15 비단 지자체가 설립하여 직영 혹은 위탁운영하고 있는 아트센터를 비롯한 문화예술회관 건물뿐만 아니라 시청과 군청 건물에 이르기까지 다른 지자체 공공 청사 건물과 경쟁하며 건축한다. 이것은 그 지자체의 정체성을 드러내기 위함이라기보다는 선출된 기관장의 권위를 드러내기 위한 행태로 보인다. 국내 다수의 대형교회 건축물도 유사한 현상이라고 할 수 있다. 최근 신임된 모 시장은 호화로운 시청사 건물 일부를 일반시민에게 임대를 하고 있다.

16 열린 예배, 구도자 예배, Emerging Worship 등 최근 예배형식의 다양성으로 인해 다양한 악기들과 도구들이 지성소에 설치되고 있는데 이 기구들이 설치된 위치의 위계로 볼 때 말씀선포와 예배 분위기 조성을 위한 보조기능을 넘어서서 볼거리를 제공하고 있다.

교 회 건 축 의 이 해 ■
공간위계

교자의 얼굴과 몸짓까지 볼 수 있는 대형 스크린을 교회건물 곳곳에 설치하고 있다. 현대 테크놀로지의 산물인 폐쇄회로를 활용하여 예배실에 참석하지 못한 교인들에게 말씀선포를 하고 있다. 그러나 이미지 사용에 대한 신학적 문제를 해결하지 못하고 있는[17] 말씀 중심의 개신교회가 설교자에 초점을 맞춘 시각 이미지를 활용하면서 이에 관해 신학적 변명을 하고 있는 교회는 아직 없다. 이를 통해 설교자(당회장)를 우상화할 수 있다는 이미지의 힘을 인식하면서 이미지를 조작하고 있다면 그것이 곧 우상인 것이다.

3) 소예배실

소예배실의 위치는 한 평면에서는 구석진 곳이거나, 고층건물인 경우에는 대체로 지하 1~2층에 위치한다. 대예배실은 2층 위에 위치시키면서 소예배실을 지하에 두어야 하는 특별한 신학적 이유를 갖고 있는 교회는 없다. 주로 평일예배에 소수가 사용하는 소예배실도 다용도 공간으로 활용하고 있다.

박해시대 카타콤은 지하무덤이었으며, 313년 콘스탄티누스 대제 이후 지상에 건축된 교회는 일정 부분 황제의 영향권 안에 있는 제국의 교회였다. 현대 건축물처럼 고층으로 축조할 수 있는 건축술이 없었던 중세의 대성당은 그리스도의 성체를 1층 대예배당에 두지 않았다. 지하 채플(crypt)[18]의 제단에 병자와 노약자들을 위해

---

17 김문환,「거주와 건축에 대한 문화신학적 검토」,『공공성의 윤리와 평화』(서울: 한국신학연구소, 2005), pp. 421-422.

18 베드로의 무덤 위에 제단을 세운 것처럼 초대교회는 성인과 순교자의 무덤 위에 제단을 세워 왔다. 그리고 그 자리에 채플을 구축하였다. 이것은 박해시대의 카타콤과 같은 것이다.

마련해 놓은 축성된 면병(떡)을 보관하는 감실(tabernacle)을 설치하는 전통은 오늘날까지 가톨릭교회를 비롯한 전례적인 교회에 전승되고 있다. 이 면병은 그리스도의 몸이며 감실은 그리스도의 무덤을 의미하기도 한다. 기독교의 이러한 전통적인 측면에서 지하 성당은 대속하신 그리스도의 죽음을 기념하는 예배 처소로서 콘스탄티누스의 지상교회보다 적절한 위치라고 할 수 있다. 이러한 의미를 지닌 지하 소예배당에서 그리스도의 희생, 대속과 관계없는 집회를 갖는 것은 적절하지 못하다.

소예배실은 침묵의 공간, 애도의 공간, 회개의 공간으로 사용하는 것이 바람직하다. 교회가 납골당을 설치한다면[19] 지하가 좋으며, 그 옆에 소예배실을 마련하는 것이 적절하다. 간혹 가톨릭교회는 대예배실을 지상보다는 지하에 설치하는 경우도 있다. 로마네스크 시대 이후 순례자교회에서는 소예배실(crypt)이 있는 위치의 바로 위층 본당 회중석 자리에 성가대를 세웠다. [20]

4) 당회장실

대형교회의 경우에는 당회장실은 물론 부목사, 전도사의 방을 독립적으로 두는 경우도 있지만, 대체로 부교역자가 다수인 경우에는 수 명이 함께 방을 공유하는 경우가 대부분이다. 당회장실은 본당 건물에 마련할지라도 한 층인 경우에는 가능한 한 예배실과는 먼 위치, 고층인 경우에는 예배실보다 위층에서 예배실을 관망

19 이정구, 「교회건축에서 죽은 자의 공간」, 「장신논단」, 40(2011), pp. 167-185.

20 Peter and Linda Murray, *The Oxford Companion to Christian Art and Architecture*, Oxford: Oxford University Press, 1998, p. 127.

할 수도 있는 파놉티콘과 같은 공간을 점유하고 있는 현상을 볼 수 있다.[21]

그리스 아토스 산에서 수행하던 수도승이 그랬듯이 지상의 유혹과 억압에서 해방시켜 주는 이러한 상승[22]의 공간구조는 당회장의 신변과 생활, 연구활동을 일정 정도 보호할 수 있는 독립된 공간으로서의 기능은 할 수 있다. 그러나 이러한 구조는 소수의 교회 임직자들과의 소통은 어느 정도 원활할 수 있는 공간위치이지만 일반 대다수의 평교인들과의 소통에는 위치적으로 장애가 될 수 있다. 오히려 이 점을 고려하여 일반 신자들이 정서적으로 편하고 자유롭게 출입하기에는 불편한 공간에 의도적으로 당회장실을 위치시키는 것이라고 할 수 있다. 푸코(Michel Paul Foucault)에 따르면, 권력은 그것을 획득한 계급의 전략이며 그 효과는 다양한 배치, 조작, 전술, 기술, 기능의 소산으로 행사되는 것[23]이다. 당회장의 권력은 당회장실의 배치, 교회 공간 안에서의 그 위계와 무관한 것이 아니다. 여기에 성직자라는 권위까지 부가되어 일반 정부나 회사의 기관장실의 공간위계와 다른 영적인 공간위계까지 갖게 된다.

건축가와 교회는 당회장실과 목회자실을 최상층에 배치한 것에 관해서 '복잡한 일상에서 벗어나 업무로 인한 피로를 덜게' 하기 위한 것이라고 설명한다.[24] 일상

---

21 서울 강동구 명일동에 신축 중인 5층 규모의 대형교회의 경우 당회장실은 1~3층에 위치한 예배공간을 볼 수 있는 4층에 위치해 있으며, 최근 완공된 서울 마포구 동교동에 위치한 지하 4층, 지상 6층 건물에서 2~4(5)층에 1,600명을 수용할 수 있는 예배실을 갖춘 교회의 당회장실도 6층 공간을 점유하고 있다.

22 에블린 페레 크리스탱, 김진화 옮김, 『계단』(서울: 눌와, 2007), p. 155.

23 질 들뢰즈, 『푸코』(서울: 중원문화, 2010), pp. 51-52.

24 최동규, 「신촌 ** 교회」, 『Space』, 523(2011), p. 41.

을 벗어날 수 있는 공간은 최상층에 있어야만 하는 것은 아니다. 공간은 목적과 기능의 효율성에 따라 배치한다. 그러나 예배당 위에 예배가 아닌 다른 기능을 위해 점유된 공간은 '낮은 곳으로 임하라'는 성서적 공간위계가 아니며, 교인이나 시민들의 정서에도 바람직하지 않다. 오히려 목회자실을 경유하여 예배실로 인도되는 동선을 오가면서 신자들과 목회자는 상호 친밀감을 고양할 수 있다. 건물 로비를 지역주민을 위한 공간으로 개방한 교회가 당회장실을 예배실보다 높은 공간에 마련하고 이를 직무 기능상 적절한 위치에 배치한 것이라고 주장할지라도 정작 지역주민들의 정서로는 당회장실의 위치는 권위적인 곳에 있는 것이다.[25] 비록 목회자가 위치상 목회자실을 사용하는 데 다소 불편함이 있을지라도 사회와 교회, 목회자와 신자, 목회자와 지역주민 간의 수평적이며 상호적 신앙공동체 형성[26]을 위해서라도 시각적으로 세상을 섬기는 낮은 자리에 있어야 하는 것이 목회자실의 신학적인 공간위치이다.

5) 로비와 사무실

교회 사무실은 건물의 층수와 관계없이 신자들이 편하게 출입할 수 있는 본건물 출입문 로비에 배치하고 있다. 최근 신축하는 교회건물은 1층 로비에 사무실과 카페와 같은 휴식을 위한 공간이나 유락시설, 작은 전시공간을 배치하고 있다.

---

[25] 전통적인 동양의 종교건축 평면은 집중적인 서양 교회건축물과는 다른 분산식이지만, 최근 사찰을 도시에 건축하면서 점차 교회건물처럼 집중식으로 변화해 가고 있다. 그러나 대부분 주지승의 방을 불당 위에 배치하지는 않는다.

[26] 장신근,「교회-가정의 연계성을 지향하는 간 세대 기독교교육: 아동을 중심으로」,「신학논단」, 63(2011), p. 222.

이것은 교인뿐만 아니라 지역주민들이 정서적으로 편하게 교회 안까지 진입하도록 유도한 것이라고 할 수 있다. 그러나 이러한 배치는 출입자를 감시하는 데 가장 적절한 것이기도 하다.

안양 모교회

대다수의 교회들은 주보나 헌금봉투를 담은 가구와 테이블을 본당 건물 출입 로비가 아닌 예배실이 있는 출입 로비에 비치하고 있다. 대형교회는 적당한 로비에 은행창구를 설치하기도 한다. 헌금을 준비하기에 편리하도록 하기 위한 것이라고 하지만 예배실 출입구에서 헌금을 준비하는 것이나 은행에 공과금을 납부하듯 하는 것은 시각적으로도 적절하지 못한데 이는 헌금을 봉투에 담는 순간 주변 교인들의 눈치를 살피게 되기 때문이다.[27] 교회건물이 고층인 경우에는 신자들이 1층 로비에서 헌금 준비뿐만 아니라 예배에 참여할 모든 채비를 하는 것이 좋다. 1층 로비의 공간이 넉넉하다면 헌금을 준비하는 테이블을 다수 설치한다면 주변의 눈길과 혼잡함을 피해 마음 편히 준비할 수 있을 것이다. 교회가 수도원은 아닐지라도 예배실 앞 로비에서는 마음을 정결하게 할 수 있도록 공간을 비워두는 것이 좋다.[28] 비움은 곧 침묵으로 연결되며[29] 그 영적 침묵

---

27 대부분의 장례식장도 영안실과 거리가 있는 로비에서 부조금을 준비할 수 있도록 배려하고 있다.

28 이정구, 「교회통로에 관한 신학적 의미」, 「신학논단」, 63(2011), p. 207.

29 건축가 르코르뷔지에(Le Cobusier, 1887~1965)와 승효상은 영성공간으로서 침묵의 공간을 말한다.

은 예배실로 연결된다. 예배실로 진입하는 넓은 로비에 은행창구와 봉헌봉투 가구를 즐비하게 설치하고 있는 몇몇 대형교회가 지향하는 여러 선교들에 가장 우선하는 목회적 의도가 교회 예산 증액을 위한 신자 증가(전도)에 있는 듯하다.[30]

6) 주차공간

도심의 대형교회는 대체로 지하에 수층의 주차시설을 마련하고 있다. 교회에 따라 친교의 공간으로서 식당공간보다 주차공간의 위계가 한층 높은 곳인 경우가 많다. 주일 주차난으로 인해 교인의 출석률이 하락하거나, 새 신자를 영입하는 데 주차장의 있고 없음과 그 규모가 큰 작용을 하기 때문이다. 식당이 없는 교회는 교회 인근의 식당을 임대하지는 않아도, 주차장이 없는 교회는 일요일에 사용하지 않는 교회 인근의 주차장을 임대하기도 한다.

건축허가규례상 일정한 주차공간을 확보해야 하는 이유도 있지만 교인들은 주일을 포함한 평일에도 교회의 다양한 프로그램에 참석해야 하는 까닭에 주차난을 피하기 위해 일찍 출석한다.[31] 그 밖에 평일에는 교회 주차공간을 임대 주어 수익사업을 하는 경우도 있다. 지역사회에서 교회가 주민들에게 편의를 제공할 수 있는 것은 무료 혹은 최소의 실비로 주차난을 겪고 있는 주민들에게 야간만이라도 주차공간을 개방하는 것이다. 시설투자비용과 관리의 문제가 난제이겠지만 여타 해

---

[30] 목회경험에서 비롯했다는 헌금액수와 신앙은 비례한다거나 교회가 일정 정도 부채가 있어야 부흥한다는 일부 목회자들의 성장주의 사고가 한국 개신교회의 분위기를 조성하기도 한다.

[31] 최근 기성교회가 도시외곽에 신축을 하면서 서울의 경우에는 출석교인들의 주거지와 교회 사이에 십수 킬로미터의 거리가 되는 경우가 대부분이다. 특히 가족단위로 교회에 출석할 경우 대부분 승용차를 이용하게 된다.

외선교 비용이나 그 밖의 비용을 줄이는 것도 한 방법이다. 우선 교회가 자리하고 있는 지역주민과의 소통을 위해 선교경비를 사용하는 것이 교회의 여러 선교에서 우선해야 할 일이며 나눔이라고 할 수 있다. 교회 구성원들만 교회 화장실과 주차장을 포함한 편의시설을 사용할 수 있도록 장치를 하는 것은 교회가 공공성을 염두에 두지 않는 이기주의이며 야만주의인 것이다.

교회는 노약자 외에 신자들이 다소 불편할지라도 가능한 대중교통을 이용하여 교회에 출석하도록 기획(교육)하고 실천해야 한다. 환경 지킴이로서뿐만 아니라 '교회다움'으로 교회를 구축해 가야 한다.

7) 식당

예수의 유월절 마지막 성찬(eucharist)에는 종교적인 애찬(kiddush)이 함께 한다. 현대 한국교회는 성찬식과 애찬을 구분하여 주일 예배 후 교회식당에서 신앙공동체의 공동식사가 이루어진다. 이 식사의 방법과 그 분위기는 대형교회일수록 애찬식 성격보다는 군대처럼 줄서서 배식을 받아 식사할 빈자리를 찾거나, 혹은 뷔페식당처럼 음식을 스스로 담아 소수의 집단이 한 테이블에 모여 일상의 점심식사와 같은 식사를 하는 애찬인 경우가 많다.

전망이 좋은 고층의 극소수 교회는 고급 레스토랑처럼 최상층에 식당을 위치시키는 경우도 있지만, 대부분의 교회식당은 지하에 자리한다. 식당은 공공 공간으로서 예배공간 다음으로 중요한 위계를 갖는다. 지하에 위치하지만 그 진입 동선은 편리하며 점유하는 공간의 면적도 예배공간만큼 크다. 교회건물의 제한된 상황에서 식당공간의 위상은 주차공간에 우선한다. 그만큼 한국인에게는 친교와 식사가 중요하다. 반면에 유럽을 포함한 서양 교회의 예배 후 애찬식은 과자와 차 정도의 간단하고 가벼운 것으로 친교를 한다. 식당 전용공간을 마련해야 할 필요성과 요구가 크지 않기 때문에 다용도 공간(hall)을 마련하고 그 안에서 식사와 친교를 하는 경우가 대부분이다. 이것은 동·서양인의 교회에서 식사가 차지하는 비중의 차이는 있지만, 서양인들에게 만찬은 대체로 주일에 가족이 한 집에 모여 식사하는 점심을 의미하기 때문이다.

전용식당이 있는 도시 교회의 경우, 식당에서 매일 도시 노숙자들을 위한 급식을 하는 교회도 있는데[32] 교회식당 안으로 노숙자를 초대하는 경우는 특별한 교회절기 외에는 드물다. 한국교회는 '후드뱅크'처럼 IMF 이후 교회 공동체원들이 노숙자들이 모여 있는 서울역과 같은 현장으로 직접 음식을 운반하여 배식봉사를 하는 경우가 많다. 교회 구성원공동체만의 애찬을 넘어 노숙자와 독거노인, 결손가정 어린이들과 함께 식사하는 것이 교회의 애찬이다. 소외되고 가난한 이웃들이 편하게 진입할 수 있도록 동선을 마련하고 입구와 내부를 소박하게 꾸며 정서적으로 부담감이 없도록 해야 한다. 누구나 정서적인 불편함 없이 교회의 시설물을 사용하고 교회가 제공하는 프로그램과 봉사의 수혜를 받을 수 있을 때 교회의 공공성이 형성되는 것이다.

---

[32] 과거 숙식을 요청하는 걸인과 행인을 거절하지 않고 집 안으로 들여 음식을 나누던 풍속은 사라졌다.

공간의 위계

3.

한 공간이 경험과 감정으로 익숙해지기까지는 일정한 사용기간이 필요하다. 예배공간이든 통로이든 그 공간은 객관적 공간이 아닌 자신이 경험한 주관적 공간이나 장소로 인식될 수 있다. 그래서 공간 안의 가구비치나 배열은 익숙해진 전통적인 도상에 따르는 것이 좋을 수도 있다. 그러나 공간의 위계는 다르다.

교회의 선교신학과 정책에 따라 다소 차이는 있겠지만, 앞에서 교회 공간을 기능별로 구획해본 여섯 공간의 위계는 교회의 본질을 '예배하는 처소'로 상정한다면 대예배실을 최우선으로 하여 공간의 위계를 세울 수 있다. 그 위계는 교회의 본질과 그 선교적인 목적을 신학적·목회적으로 수행하는 데 효율적인 방식으로 결정해야 한다. 예를 들면 교회 공간을 마련하는 우선순위로서 주차장과 식당 중에 하나를 선택해야 할 경우 어느 기능을 먼저 택할 것인지에 대한 논의는 쉽게 결정할 수 있는 사안은 아니다.

교회는 그 교회만의 독특함과 선교적 이념을 전달하기 위해 공간위계를 세운다고 할지라도[33] 교회 공간의 위계는 가능한 한 '성서적 풍경'이어야 한다.[34] 이것은 채움보다 비움이며 높임보다 낮춤의 공간 위계를 말한다. 위계를 세웠다고 할지라

---

[33] 건축양식에서도 클루니(Cluny) 수도회는 그 수도원의 새로운 이념을 전달하기 위해 로마네스크 양식을 이용했으며 클레보(Clairvaux) 수도원을 중심으로 한 시토(Cistercian) 수도회는 고딕 양식을 개발하여 보급하였다. 현대사회의 회사도 그들만의 차별성 있는 건축형태로 회사 이미지를 전달한다. 에이드리언 포티, 『욕망의 사물, 디자인의 사회사』(서울: 일빛, 2008), p. 276.

[34] 승효상, 「성서적 풍경: 시구드 레베렌츠와 우드랜드 공동묘지」, 『침묵의 공간』(과천: 현대미술관회, 2008), pp. 174-184.

도 예배하고 친교하며 이를 돕는 여러 기능 공간 중에 그 어느 공간이 다른 공간보다 더 중요한 것은 아니다. 삼위일체 교리처럼 위계는 다르나 모두 한 공간인 것이다. 각 공간은 유기적인 공간으로 관계를 맺으며 한 공간이 공간으로서의 기능을 잃게 되면 다른 공간들이 그 몫을 나누게 된다. 교회 공간들은 각각 특정한 목적을 수행하기 위해 저마다 위치할 적절한 자리가 있는 것이다. 사람들은 교회건물의 이러한 공간 위계를 몸으로 체험하며 복음을 몸으로 이해한다. 첫인상은 멂과 가까움을 밀접히 연결시키기 때문에 교회의 공간은 그 기능에 관계없이 낯설고 이질적인 공간으로 체험되어서는 안 된다.[35] 눈에 보이지 않는 보안시스템과 같은 공간위계의 통제선은 사람들이 출입하는 데 정서와 의지를 막기 때문이다.[36] 공간마다 그 사용 기능에 따라 지속적으로 상징성을 부여하고 고양시키며 공간을 이용하는 사람들이 그 공간을 통해 사건을 만들며 사랑할 수 있도록 해야 하는 것이다.

끝말

4.

앞에서 하나의 고층교회 건물 안에 기능에 따라 분절한 공간을 크게 여섯 공간으로 구분하고 그 공간이 그 위치에 있게 되는 위계의 원인을 간단히 살펴보았다. 교회마다 교회의 선교신학과 정책에 따라 다소 차이는 있겠지만 위에서 구획한 여섯 공간의 위계는 교회

---

35 그램 질로크, 『발터 벤야민과 메트로폴리스』(파주: 효형출판, 2005), p. 131.
36 스튜어트 유웬, 『이미지는 모든 것을 삼킨다』(서울: 시각과 언어, 1997), p. 262.

교 회 건 축 의 이 해 ■
공간위계

의 본질을 '예배하는 처소'로 상정하는 데 반론이 없다면 대예배실을 최우선으로 하여 공간의 위계를 상정할 수 있다. 그 위계는 교회의 본질과 그 선교적인 목적을 신학적으로 목회적으로 수행하는 데 효율적인 방식으로 결정해야 한다. 교회는 그 교회만의 독특함과 선교적 이념을 전달하기 위해 공간위계를 세운다고 할지라도 교회 공간의 위계는 '성서적 풍경'이어야 한다.

공간의 위계는 온전히 예배를 드리고 영성을 고양하기 위한 공간이 우선되어야 하며, 사람들이 이를 이용하는 데 정서적으로 불편함이 없는 동선을 구축하여야 한다. 단순히 교회건물의 높이만을 보면 현대의 고층교회는 유럽 중세의 고딕 교회 이상으로 높다. 예배실의 한 공간 안에서 제1의 위계를 갖는 지성소는 성스러운 장소로 일정 높아야 하지만 회중석에서부터 지나치게 높지 않도록 유념해야 한다. 회중석 앞자리와 뒷자리에서 지성소를 향해 바라보는 각도에 큰 편차가 있지 않아야 한다. 지성소 위에 설교대와 의자들, 그리고 다양한 악기들과 조명으로 인해 회중석의 시선을 산만하게 하지 않도록 유념해야 한다. 전통적으로 지하 예배실(crypt)이었던 위치에 대체로 소예배실을 배치하는데 본래 그곳은 교회의 그 어느 공간보다 성스러운 공간이었다. 대부분의 교회가 이 공간을 다용도 공간으로 사용하고 있는데 가능한 한 침묵의 공간으로 활용하는 것이 바람직하다. 당회장실(목회자실)과 사무실은 권위적이지 않은 곳에 위치하여 누구나 친근하게 다가갈 수 있어야 한다.

최근 대형교회를 중심으로 교회를 고층으로 신축하면서 당회장실을 파놉티콘 공간처럼 예배공간의 위층에 배치하면 성직자의 사생활은 보호할 수 있으나 바람직하지는 않다. 공간이 허락된다면 목회자들을 위한 작은 '쉼터와 영성 공간'을 최상층에 더 마련하는 것이 좋다. 식당(애찬과 친교) 공간과 주차 공간도 지역주민들과 함께 나눌 수 있는 개방과 공공의 공간으로서 역할을 하는 것이 교회건물을 통한 선교이다. 교회조직과 질서를 위해 구축하는 공간일지라도 탈권위적인 보편적 공간이어야 한다.

　　교회 공간은 다양한 세대가 저마다의 가치관과 신앙관을 공유할 수 있는 공간이어야 한다.[37] 교회건물은 예배와 기도, 친교의 공간들이 집합된 선교의 공간으로서 그 기능을 하기 위해서 공간의 위계를 설정하지만 누구나 정서적으로 편하고 자유롭게 출입할 수 있는 공공의 공간이 되어야 한다. 교회는 제한된 공간을 효율적으로 활용할 수 있도록 노력해야 한다.[38] 특히 공동체를 강조하는 한국사회, 한국교회는 그 사회와 교회에 속한 사람들이라면 따라야만 하는 공동의 규범과 동일성의 사고를 강요한다. 이것은 공동체 내부의 사람들을 구속하며 배타적이며 이기적인 가족주의로 나타난다.[39] 이것은 '우리'라는 대명사를 통해 구체화되는데 한국의 교회공동체는 교회 공간의 점유와 이용이 배타적이다. 이를 극복할 수 있는 대안으로서의 교회건물과 공간에 관한 공공성은 한국교회가 지속적으로 참여해야 하는 선교이다.

37 최두길, 『성서적 비전으로서 교회건축 II』(서울: 태림문화사, 2002), p. 57.
38 이정구, 「다시 교회건축을 말한다」, 『신학사상』, 114집(2001), pp. 97-98.
39 이득재, 『가족주의는 야만이다』(서울: 소나무, 2001), p. 54.

참고문헌

김문환, 「거주와 건축에 대한 문화 신학적 검토」, 『공공성의 윤리와 평화』, 서울: 한국신학연구소, 2005.

들뢰즈 질, 권영숙·조형근 역, 『푸코』, 서울: 중원문화, 2010.

렐프 에드워드, 김덕현 외 2인 역, 『장소와 장소상실』, 서울: 논형, 2005.

마른케 마르틴, 노성두 옮김, 『정치적 풍경』, 서울: 일빛, 1997.

미헬리스 파나요티스 A., 김진현 옮김, 『건축미학』, 서울: 까치글방, 2007.

승효상, 『빈자의 미학』, 서울: 미건사, 1996.

_____, 「성서적 풍경: 시구드 레베렌츠와 우드랜드 공동묘지」, 『침묵의 공간』, 과천: 현대미술관회, 2008.

유웬 스튜어트, 백지숙 옮김, 『이미지는 모든 것을 삼킨다』, 서울: 시각과 언어, 1997.

이득재, 『가족주의는 야만이다』, 서울: 소나무, 2001.

이정구, 「교회통로에 관한 신학적 의미」, 『신학논단』, 63집, 2011.

_____, 「교회건축에서 죽은 자의 공간」, 『장신논단』, 40집, 2011.

_____, 「다시 교회건축을 말한다」, 『신학사상』, 114집, 2001.

장신근, 「교회-가정의 연계성을 지향하는 간 세대 기독교교육: 아동을 중심으로」, 『신학논단』, 63집, 2011.

질로크 그램, 노명우 옮김, 『발터 벤야민과 메트로폴리스』, 파주: 효형출판, 2005.

최두길, 『성서적 비전으로서 교회건축』, 서울: 태림문화사, 2002.

크리스탱 에블린 페레, 김진화 옮김, 『계단: 건축의 변주』, 서울: 눌와, 2007.

포티 에이드리언, 허보윤 옮김, 『욕망의 사물, 디자인의 사회사』, 서울: 일빛, 2008.

Ferguson George, *Signs & Symbols in Christian Art*, Oxford: Oxford University Press, 1966.

Giles Richard, *Re-Pitching the Tent*, Norwich: Canterbury Press, 2004.

Hammond Peter, *Liturgy and Architecture*, London: Barrie and Rockliff, 1960.

Lefebre Henri, *The Production of Space*, Nicholson~Smith, Donald(trns.), Oxford: Blackwell Publishers Ltd., 1996.

Murray Peter and Linda, *The Oxford Companion to Christian Art and Architecture*, Oxford: Oxford University Press, 1998.

Tillich Paul, *On Art and Architecture*, New York: Crossroad, 1987.

White James F. & White Susan J., *Church Architecture: Building and Renovating for Christian Worship*, OSL Publications, 1998.

07

죽은 자의
공간

죽은 자의 공간

머리말

1.

모든 종교는 사후의 세계에 대하여 안내를 하며 나름의 내세관을 갖고 있다. 이것은 사람들이 살아 있는 동안에 체감하는 죽음에 대한 두려움에서 기인한 것이며, 이것은 이를 극복하기 위한 인간 지혜의 축적된 산물이라고 할 수 있다. 사회적인 인간의 삶 속에서 예술과 종교와 정치는 각각 독립된 영역이지만 그 셋의 연결고리는 원시시대부터이다. 알타미라 동굴벽화에서도 볼 수 있듯이 원시시대에는 기후, 맹수 등의 위험이 노출된 환경 속에서 살아남기 위한 의식을 행하는 것이 종교행위였고, 사냥이나 풍요, 안전을 기원하는 정령신앙과 관련된 그림을 그리는 것은 예술행위였으며, 누군가를 선정하여 그렇게 그리도록 합의했거나 명령하는 것은 정치행위였다. 이 모든 행위의 궁극적인 목적은 생명의 안전과 종족번식, 그리고 살아 있는 동안 번영의 삶을 유지하기 위해서 질병의 고통과 죽음에 대한 두려움을 극복하기 위한 것이었다. 그래서 죽음을 가까이 두고 삶과 죽음, 산 자와 죽은 자의 구분을 하지 않으려 했으며 죽은 자들의 영혼은 언제나 산 자들과 함께 한다고 믿고자 했던 것이 원시종교의 특성이다.

이 글은 가톨릭교회와 개신교회의 '죽음관'과 죽은 자를 대하는 신학의 차이에 관한 것이기보다는 이에 대한 두 교파의 서로 상이한 신앙적 태도에 관한 글이다. 예수께서 죽으시고 묻히시어 '저승에 갔다가' 사흘 만에 부활했다고 고백하는 가톨릭교회의 사도신경 중에서 '저승에 갔다'는 것에 대한 개신교 내의 논쟁도 있다. 가톨릭교회나 성공회와 같은 전례 중심의 교회는 오늘날에도 예배 중에 별세한 자들을 위한 신자들의 대도(중보기도)[1]가 있다. 그러나 개신교회는 산 자와 죽은 자를 분리하는 신학과 교리에 의해 예배 중에 특별히 이들을 위한 대도를 하지 않는다.

가톨릭교회나 성공회는 일정한 여건이 구비되면 교회건물의 한 부분에 '납골당(納骨堂)'을 설치하는 것에 대해 별다른 장애가 없다. 그러나 수목장(樹木葬)[2]을 교회 경내에 마련하는 극소수의 교회를 제외한 대부분의 개신교회는 교회건물 안에 죽은 자를 위한 공간을 마련하지는 않는다. 이것은 초기 중세 가톨릭신학의 전통을 계승하고 있는 전례적인 교회와[3] 종교개혁 후의 개신교회가 '죽은 자', 특히 성인숭배와 연옥신앙에 대한 신학적 차이에서 기인한 것이라고 할 수 있다. 최근 한국의 좁은 국토에서 묘지 마련으로 인한 다양한 문제가 발생하면서 국가는 수목장을 비롯한 다양한 친환경장례문화를 장려하기에 이르렀다.

중·대형교회들은 교회건축을 할 때 다양한 용도의 공간을 염두에 두고 설계를 한다. 부속공간으로서 식당, 주차장, 놀이터, 심지어 체육관까지 마련하지만, 정

---

1 성공회 감사성찬례(미사)문의 별세자를 위한 대도문은 다음과 같다. 제1양식: "별세한 이들을 위하여 기도합시다(기념하는 별세자의 이름을 말한다). 주여, 부활을 기다리는 모든 별세한 이들이 영원한 생명을 누리게 하소서." 2양식: "주여, 이 세상을 떠난 이들을 위한 기도를 들으시고 우리로 하여금 그들과 함께 주님의 영원한 나라에 들어가게 하소서." 3양식: "별세한 이들에게 영원한 안식을 주시오며, 영원한 빛이 그들 위에 비치기를 기원합니다." 대한성공회, 『성공회기도서 감사성찬례』(서울: 대한성공회 출판부, 2004). 또 별세한 신자에 대한 의무는 그들을 위하여 기도하며, 특별히 별세기념예배를 드려야 한다고 가르친다. 대한성공회, 『도리문답』(서울: 대한성공회 출판부, 1979), p. 26.

2 수목장(樹木葬)은 화장한 유골을 지정된 수목의 밑이나 주위에 묻어 수목과 상생토록 하는 자연친화적 장사법이다. 수목장은 인공물을 사용하지 않고 나무를 식별하기 위한 작은 표지만 한다. 묘지를 마련하기 위해 산림을 훼손하거나 벌초와 같은 묘지관리 없이 지정된 나무를 관리하므로 산림보호의 장점도 있다. 산이나 강에 유골을 뿌림으로 해서 발생하는 환경문제를 해결할 수 있는 자연장법 중의 하나이다. 최근 판교에 소재한 한국기독교 장로회 분당교회가 교회 터의 주목나무를 수목장으로 이용하고 있다.

3 샤를마뉴(Charlrmagne) 황제는 로마의 전례서를 복사하여 북유럽에 보급했는데 이것은 로마제국의 일치성을 고려한 것이기도 했다. 당시 로마에 알려지지 않은 많은 의식과 성인축일을 포함한 지역관습들이 새로운 로마예식 안에 흡수되기도 했다. Louis Weil, *A Theology of Worship*, 김진섭 옮김, 『전례신학』(서울: 대한성공회 선교교육원, 2006), p. 134.

작 죽은 자를 위한 공간은 없다. 그러면서 중·대형교회들은 교회 밖 다른 지역에 교회 소유의 묘지를 가지고 있는 경우가 많지만 이것은 현대사회에서 적절한 방법은 아니다. 개신교회는 '몸의 부활'이라는 신앙으로 인해 시신 화장을 하지 않기 때문에 교회건물과 그 경내에 납골당(納骨堂)을 설치하지 않는다. 그럼에도 불구하고 교회건물의 사회적 공공성을 고려한다면 이러한 문제를 극복할 수 있는 대안을 찾아보아야 한다. 이를 위해 정부도 종교시설물 안에 죽은 자들을 위한 시설물을 설치하는 데 인허가의 기준을 완화할 필요가 있으며 재정적 지원을 해야 한다. 혐오시설이라는 선입관으로 인해 지역주민들의 동의를 이끌어 내는 일이 큰 걸림돌이겠지만 지역사회에서 교회공동체가 마음을 모으면 해결할 수 있을 것이다.

한국의 사당(祠堂)

2.

거주하는 집 경내에 시신을 매장하는 나라나 민족은 거의 없다. 유교문화권 나라에서는 죽은 조상의 위령에 제사를 드린다. 유교적 전통에 근거하여 건축한 한국 양반층 고택을 살펴보면 집 경내에 조상의 위패(位牌)를 모신 사당(祠堂)을 두고 있다. 현대 한국의 가정에서 유교식의 전통적인 장례절차를 모두 지키는 경우는 거의 없지만 그 형식은 고유 민속신앙과

---

4 사당(묘제)은 4대조의 신주를 봉안하는 가묘이며 3년상을 마친 후 신주를 사당으로 모시고 4감(龕)을 설치하는데 북쪽에 남향하여 서쪽부터 제1감은 고조고비(高祖考), 제2감은 증조고비(曾祖考), 제3감은 조고비, 제4감은 고비(考)의 위가 된다.

5 유교의례에는 없는 '사잣밥'을 놓는 것이 그 대표적인 예이다.

교 회 건 축 의 이 해 ▪
죽은 자의 공간

결합된 장례의례라고 할 수 있다. 초우(初虞)와 재우(再虞)는 하지 않아도 삼우재(三虞齋)[6]만은 기독교인들도 지키고 있는 것은 유교 장례절차 중에서 중요한 몇 가지가 토착화된 것이라고 할 수 있다. 한국 가톨릭 장례 때 죽은 자의 영혼을 위해 신자들이 읊조리는 대도문의 억양에서도 유

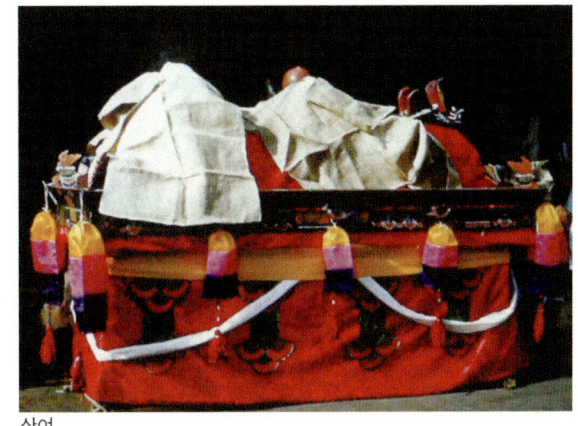
상여

교적인 분위기가 많이 내포되었음을 볼 수 있다.[7] 기독교는 기독교를 제외한 여타 종교들과 그 의례를 배척했지만, 유교와 무속신앙 풍습의 일정 부분은 수용했음을 알 수 있다. 그러나 죽은 조상에게 절을 하는 것은 여전히 귀신숭배라고 하여 거부하고 있다. 그러나 이러한 현상도 최근 우상숭배와 한국 전통예절의 의미를 구분하면서 조금씩 변화해 가고 있다.[8] 기독교인들이 종이 위패에 죽은 자의 영혼이 임재한다고 믿는 것은 미신이다. 기독교인들의 죽은 자와 산 자의 소통은 성령의 은혜

6 유교의 장례의식 중 하나로 부모의 장례를 치르고 집에 돌아와 영정을 모시고 지내는 첫 제사를 초우(初虞), 이튿날 두 번째 제사를 재우(再虞), 삼 일째 묘지를 찾아가 첫 성묘를 하고 세 번째 제사를 드리는 것을 삼우재(三虞齋) 혹은 삼우제(三虞祭)라고 한다. 이것은 죽은 자의 영혼이 방황하지 않고 편안히 있게 하려는 의식이다.

7 로마 가톨릭은 1742년 조상제사를 금하는 칙령을 내렸지만 제2차 바티칸 공의회(1962~1965)에 선교지 문화를 적극 수용해야 한다는 선교정책발표 이후 한국 가톨릭교회는 장례에 관한 토착화 연구를 본격적으로 시행하고 있다.

8 이것은 십계명의 우상숭배와 별세한 조상에 대한 예절과는 다른 문제임에도 불구하고 초기 서양선교사들이 선교를 위해 지나치게 성서를 문자적으로 해석하여 한국의 전통문화를 청산하려 했던 영향도 간과할 수 없다.

와 능력 안에서 이루어지는 영적 교통이며 감응인 것이다. [9]

　　한국 대다수의 기독교인들은 조상들의 기일에 친지들이 교회나 가정에 모여 추모(追慕)예배를 드린다. 조상의 묘소나 납골당에 방문하면 참배는 하지 않더라도 죽은 자의 영혼을 위한 기도는 드린다. 그리고 대부분의 기독교인들은 교회 소유의 묘 터나 기독교 시설의 공원묘지는 선호하지만 정작 자신이 속한 교회 안에 납골당을 설치하는 것은 원하지 않는다. 이것은 개신교회가 가톨릭교회처럼 연옥신앙을 믿지 않을뿐더러, 죽은 자와 산 자의 구분을 명확히 하기 때문이며,

제네바 칼뱅무덤

납골당이 혐오시설이라는 인식 때문이다. 성공회는 교리적으로 연옥신앙을 배척하면서도 교회 안에 납골당을 설치하는 것에 큰 장애가 없다. 성공회는 가톨릭교회처럼 예배는 죽은 자와 산 자가 함께 드리는 것이라는 신앙을 공유하고 있다. 그러나 대부분의 개신교회에서의 '예배란 산 자들만이 드리는 것'이라는 교리와 신앙이

---

9 김경재, 『문화신학담론』(서울: 대한기독교서회, 1997), p. 206.

교 회 건 축 의 이 해 ■
죽은 자의 공간

교회 안에 납골당을 설치하지 못하는 이유 중 하나이다.

한국에 기독교가 전래된 때부터 기독교 신학과 문화는 조상에 대한 제사문제와 장례문화와 충돌하게 된 것이 기독교 박해의 가장 큰 원인이 되었다. 그리고 서양처럼 시신을 화장한다거나 교회 안에 묘지를 마련하는 풍습은 기독교인이라고 할지라도 유교적 전통을 지켜왔던 한국인의 정서로서는 수용하기 어려운 것이었음이 분명하다. 그것은 조상의 시신을 불태우고 그 유골을 집 경내에 두는 것과 같다고 생각했기 때문이다. 죽은 자의 시신이나 유골을 교회 경내에 둔다는 것에 대한 반감은 유교적 문화관습을 버리지 못한 과도기적 신앙에서 비롯된 것이지 특별히 별다른 신학적인 이유 때문이라고 할 수는 없다. 오랜 기간 육신의 부활 신앙으로 인해 기독교인들은 시신을 화장하는 것을 꺼려 왔지만[10] 최근 이러한 신앙은 묘지 마련의 어려움과 환경생태적인 측면에서 육신의 부활에 대한 신학적 해석도 변화하고 있다. 한국은 오랜 기간 집 경내에 조상의 영혼을 위해 사당을 두고 그곳에 위패를 모시고 죽은 조상의 영혼들과 집 안에서 함께 생활해 온 정서가 있다. 제사를 집 안에서 드리고 있는 점을 고려하면 예배도 교회 안에서만 드리는 것이 아니라 집 안에서도 드리는 것이다. 개신교회 안에 납골당을 설치하는 과제는 신학적인 문제이기 이전에 이러한 정서를 바탕으로 삼아 한 걸음씩 풀어 가야 할 신앙의 태도 문제라고 할 수 있다.

---

[10] 부활한 몸의 형태는 살아생전 육신 그대로의 형태로 재생되거나 소생하는 몸이기보다는 영적이며 신령한 몸(고전 15:35-49)을 의미한다.

■ 교 회 건 축 의 이 해
죽은 자의 공간

205

3.

죽은 자에 대한 교회의 태도

일찍이 가톨릭교회는 성서에 기록된 말을 해석하여 예수의 '사도들과 예언자들'[11]을 하나님과 가장 가까운 성인(聖人)으로 추앙하고 인간을 위해 하나님께 탄원해 줄 수 있는 중재자로 삼았다. 이들은 죽은 후 인간과는 다른 권위를 받게 된다고 믿었다.[12] 그 후 성인들의 수가 증가하고 성인들마다 그 역할도 분담[13]하게 되었는데, 성인들과 얽힌 수많은 전설들과 도상(icon, 圖像)들이 출현하게 되었다. 그러나 루터는 1523년에 가톨릭의 이러한 성서 해석을 다음과 같은 말로 부정했다. "성서에는 죽은 성인들의 중재에 관한 것이나, 이들을 경배하고 기도하라는 말이 없다. 그리고 이들을 예배함으로써 우리가 성모와 성인들을 우상으로 만들었다는 것은 확실하다."[14] 루터는 가톨릭교회가 베드로를 최초의 교황으로 삼아 그 사도적 권위를 계승하고 있다는 것과 또 성인들 중의 으뜸인 성모 마리아에 대한 흠숭과 모든 기도가 성모의 중재에 의해 하나님께 상달된다는 교리는 비성서적이라고 하였다. 그리고 성인에 대한 가톨릭교회의 흠숭(欽

---

11 "그리스도께서는 그 건물의 가장 요긴한 모퉁잇돌이 되시며 사도들과 예언자들은 그 건물의 기초가 됩니다."(엡 2:20)

12 "예수께서 이렇게 대답하셨다. 나는 분명히 말한다. 너희는 나를 따랐으니 새 세상이 와서 사람의 아들이 영광스러운 옥좌에 앉을 때에 너희도 열두 옥좌에 앉아 이스라엘 열두 지파를 심판하게 될 것이다."(마 19:28)
"부자는 다시 아브라함 할아버지 그것만으로는 안 됩니다. 그들은 죽었다가 다시 살아난 사람이 찾아가야만 회개할 것입니다."(눅 16:30)

13 "하나님께서 우리에게 주신 은총의 선물은 각각 다릅니다."(롬 12:6).

14 *Luther's Works*(St. Louis, 1955; Philadelphia, 1957), 41:204; *D. Martin Luthers Werke*, Kritische Gesamtausgabe(Weimar, 1883, Weimar Ausgabe) 51:496; 모두 Carl C. Christensen, *Art and the Reformation in Germany*(Athens: Ohio University Press, 1979), p. 55 재인용.

성공회 서울대성당 크립트, 납골함

崇)을 거부하였다.[15] 이러한 루터의 신학과 칼뱅을 비롯한 다른 여러 종교개혁자들이 갖는 공통된 신학은 '죽은 자들, 특히 순교자들과 성인들'에 대한 흠숭이 곧 우상숭배라는 교리로 자리했으며 이 전통은 지금도 개신교회 신학으로 자리하고 있다.

초기 성인숭배는 로마의 외곽 공동묘지에서부터 시작되었다고 전해진다.[16] 6세기 말에는 서로마제국 도시 성벽 밖의 공동묘지에 있던 성인들의 묘소가 지역의 종교생활의 중심지가 되었다.[17] 초기 기독교시대에는 순교한 성인과 고대 영웅과의 유사성이 있었으나, 순교자는 점차 하나님의 친구로서 인간과 하나님 사이의 중재자가 되지만 다신교의 영웅들은 하나님과는 직접 관계가 없기 때문에 성인숭배와 영웅숭배는 서로 길을 달리하게 되었다.[18] 3세기부터 4세기 초반까지 기독교인들은 로마 시내에 무덤을 조성하고 그리스도 안에서 연대하며 죽어도 함께 묻히기

15 신준형, 『천상의 미술과 지상의 투쟁』(서울: (주)사회평론, 2007), p. 33.

16 성인을 숭배하는 자들은 당시 매장할 수 없었던 도시 안으로 그 유골을 가져와 안치하고 성유골 주변에 일반인들의 무덤도 만들었다. Peter Brown, *The Cult of the Saints; Its Rise and Function in Latin Christianity*(Chicago: The University of Chicago Press, 1981), p. 5.

17 Peter Brown, *The Cult of the Saints; Its Rise and Function in Latin Christianity*, p. 3.

18 Peter Brown, *The Cult of the Saints; Its Rise and Function in Latin Christianity*, pp. 5-6.

를 열망했는데 이때 약 70만 명이 묻혔다.[19] 그 후 기독교 신자들의 무덤[20]과 성인들의 무덤은 공공의 자산으로서 공동체가 집단으로 행하는 의식의 중심이 되었다. 이 신성한 무덤과 유골을 더욱 유용하게 조성하기 위해 건축, 예술, 의식 등이 동원되었고 더 이상 일반적인 무덤이 아닌[21] 순교자의 무덤은 건축과 예배의 새로운 중심점이 되어 의식을 행하는 데 가장 적합한 장소가 되었다.[22] 실제로 초기 카타콤 예배는 순교자의 석관 위에서 행했었다. 오늘날에도 가톨릭교회 제대 가까운 제단에 예수 그리스도의 성체를 모시는 감실(監室)[23]이 있다. 성체(聖體)는 그리스도의 몸인데 그 몸은 죽은 몸이며 부활한 몸이며 현존하는 몸이다. 죽음과 부활과 현존은 예배 중에 예배공동체와 소통하는 것이다.

죽은 자들을 위해 산 자들이 교회에서 행하는 중재(대도) 행위에 관한 성서적 근거는 없다. 그러나 예배 중에 유카리스트는 구속자로서 돌아가신 예수 그리스도를 기억(anamnesis)하고 기념하는 것이며 동시에 그분의 현존을 체험하는 것이다. 예배는 하늘에 있는 모든 천사와 성도들과 함께 하나님께 드리는 행위이다.[24] 성인

---

19 Bernard Green, *Christianity in Ancient Rome: The First Three Centuries*(New York: T&T Clark International), 2010, p. 170.

20 성서에 나타난 대표적인 무덤에 관한 이해는 박신배, 『구약의 죽음과 문화』(IV. 무덤), 『죽음 삶의 현장에서 이해하기: 그리스도교의 죽음관』(한국문화신학회 제7집, 서울: 한들 출판사, 2005), pp. 52-58을 볼 것.

21 Peter Brown, *The Cult of the Saints: Its Rise and Function in Latin Christianity*, pp. 8-9.

22 4세기 말경 북아프리카 테베사(Tebessa) 기독교인들은 순교자 숭배를 위해 반원형 입구 넓은 계단에 순교자 지성소를 마련했다. *Ramsay Macmullen, The Second Church Popular Christianity AD 200~400*(Leiden: Brill, 2009), p. 67.

23 교황 바오로 6세는 감실을 '교회의 살아있는 심장'이라고 했다. 김정신, 『유럽현대교회건축』(서울: 가톨릭출판사, 2004), p. 168.

24 가톨릭과 성공회는 예배 중에 집전사제는 감사성찬례 예문에 따라 '…하늘에 있는 모든 천사와 성도들과 함께 주의 이름을 받들어 끝없이 찬미하나이다'라고 노래한다. 그 후 바로 삼성경(sanctus)을 회중과 합창한다.

성공회 서울대성당 지하성당에 안치된 트롤로프 주교 무덤과 동판

영국의 공동묘지, 무덤을 사람이 잠든 모습으로 조형

들을 위시하여 죽은 자들을 추도하는 중세교회의 관습은 이교도의 추도행위에서
부터 비롯된다. 테르툴리아누스(Quintus Septimius Florens Tertullianus, 약 155년~
약 230년)도 아브라함이 품은 천국이나 지옥이 아니라 로마 교회법에서 말하는 부
활을 기다리는 레프리제리움(interim refrigerium, 淸凉所)[25]을 의미한다고 했는데 이
로 인해 가톨릭교회는 죽음을 맞이한 날과 기일에 종교의식, 즉 미사를 거행하도
록 권고했다.[26] 그리고 죽은 자와 산 자를 분리된 것으로 생각하지 않았기 때문에

[25] 죽은 후 최후의 심판을 기다리는 축복받은 영혼의 행복한 상태를 의미하는데 이런 영혼만 천국에 들어갈 수 있다고 했다.
La Piana, George, "The Tombs of Peter and Paul Ad Catacumbas", *The Harvard Theological Review*, Vol. 14, No. 1(Jan.
1921), p. 53. http://en.wikipedia.org/wiki/Refrigerium (2011. 2. 2) 재인용.
[26] 레프리제리움은 의인들의 영혼은 세상이 끝나는 날에 이루어질 부활을 기다리는 것을 의미한다. Philippe Aries, *L'homme*

교 회 건 축 의 이 해 ■
죽은 자의 공간

이 세상에서의 죽음은 부활을 기다리는 휴식을 의미했다. 1150년부터 1300년 사이에 기독교는 이승과 저승에 대한 공간을 개편했는데 이때 연옥의 교리가 자리를 하게 된다. 이것은 죽은 자의 중간적 저승으로서, 어떤 죽은 자들은 여기에서 시련을 겪고 산 자들의 대도에 의해[27] 그 시련이 단축될 수 있다고 믿었다.[28] 이교도로부터 영향을 받은 죽은 자에 대한 기독교의 이해는 박해시대 최초의 교회가 설립된 곳이 지하무덤이었다는 것도 그러하다. 313년 밀란 칙령 이후 기독교가 공인된 이후에 설립된 교회의 터도 성인들의 무덤이 있는 자리를 제단의 위치로 삼았는데 베드로의 무덤 위에 바티칸 성당을 세운 것이 가장 대표적인 예이다. 사도 바울이 예배의 목적을 공동체의 강화(고전 14장)라고 주장했던 것에 따라 초대교회가 이것에 도움이 되는 예배를 보존하였던 점을 상기해 볼 때[29] 오늘 한국의 개신교회는 교회공동체를 더 강화해 갈 수 있는 공공성에 관한 예배요소가 교리적인 문제로 인해 장애가 된다면 이를 극복하고 수용할 수 있어야 한다. 죽은 자에 대한 개신교회의 신학과 신앙의 태도는 예배 중에 그들을 위한 기도를 하지 않는 것이다. 그러나 한국의 지리적 상황 및 환경생태적 측면, 그리고 교회건물의 공공성이라는 측면에서 볼 때 교회건물에 납골당을 설치하는 문제나[30] 교회 경내에 수목장을 하는 문제에 관해

---

la mort, 고선일 옮김, 『죽음 앞의 인간』(서울: 새물결, 2004), pp. 275-276. 재인용.

27 "하나님의 성인들을 존경하고 그들의 행동을 본받음으로써 그들이 여러분의 친구가 되게 하십시오. 그러면 여러분이 이 세상 삶을 마칠 때, 그들이 여러분을 영원한 처소로 맞아 드릴 것입니다." Thomas à Kempis, *De Imitatione Christi*(1418), 박동순 옮김, 『그리스도를 본받아』(서울: 두란노, 2010), p. 69.

28 Jacques Le Goff, *La naissance du Purgatoire*, 최애리 옮김, 『연옥의 탄생』(서울: 문학과 지성사, 1995), p. 28.

29 Oscar Cullmann, *Early Christian Worship*, 이선희 옮김, 『원시기독교 예배』(서울: 대한기독교서회, 1984), pp. 30-31.

30 김경재, 『문화신학담론』, pp. 209-210.

신학적인 재론을 할 필요가 있는 시점에 와 있다. 그러나 신학적 토론에 앞서 교회가 한국인의 유불선의 종교적 정서를 이끌어 이 문제에 관해 긍정적인 합의를 이끌어 낼 수 있다면 교회공동체도 강화되고 생태환경 측면에서도 큰 기여를 할 수 있다.

교회 내부에 세례대를 설치하면 세례의식 때 교회공동체 모두가 증인이 되고,[31] 예배공간을 출입할 때마다 세례대를 보며 자신이 처음 세례를 받았던 것을 기억하듯이, 교인들은 교회 경내의 죽은 자들을 위한 시설물을 통해 교회에 출입할 때마다 죽음에 관한 성찰을 할 수 있다.

유럽교회의 묘지

4.

오늘만큼 과학기술이 발달하지 않았던 유럽 중세기의 가톨릭교회는 인간의 생로병사에 관해 일정 권한을 갖고 있었다. 그리고 성서내용과 7성사를 포함한 신앙교리를 주제로 표현한 다양한 시각이미지들[32]을 매체로 하여 다수가 문맹이었던 신자들을 교육하였다. 중세 로마네스크와 고딕 성당의 팀판(tympan)을 살펴보면 그 주제들은 몇 가지로 분류할 수 있다. 대체로 영광의 옥좌에 앉은 예수 그리스도(영광의 예수), 축복하는 예수, 최후의 심

---

31 가톨릭교회나 성공회 예식에는 세례의식이 있을 때마다 참석한 기존 세례받은 교인들도 세례갱신서약을 함으로써 각자 세례받았을 당시의 신앙심을 상기하게 한다.

32 고딕 성당에서 전례와 장식, 교육용으로 함께 이용했던 설치 이미지들로는 모자이크, 색 유리창, 제단화, 팀파눔(Tympanum) 등을 들 수 있다.

성공회 서울대성당 순교자기념비(무덤 형상)

판, 예수의 승천, 마리아의 대관(戴冠) 등이며, 그 안에 조각된 것은 그리스도를 중심으로 천사, 구약의 선지자들, 12사도, 성인, 동물, 악마, 마리아 등이다. 중세교회는 이 중에서 '최후의 심판'을 주제로 한 작품들을 가장 선호했다.[33] 건축을 포함한 미술이 그 시대정신을 반영한 것이라면 중세 고딕시기의 예술품들도 당대의 신학과 신앙의 특성을 반영한 것이라고 할 수 있다. 이것은 기독교의 오랜 신앙의 전통은 죽은 직후의 피할 수 없는 '최후 심판'과 살아 있는 자들이 '죽은 자들의 영혼'을 대하는 태도가 작품으로 반영된 것이다.

팀판에 새겨진 형상에서도 볼 수 있듯이 가톨릭교회는 살아 있는 동안 공적을 쌓으면 몸은 죽어도 연옥에서 영혼이 잠시 머물다가 살아 있는 자들의 대도를 통해 천국으로 들어갈 수 있다고 가르쳤다. 이러한 내세에 대한 희망으로 자신과 가족의 시신은 성인들과 함께할 수 있는 교회 내부나 경내에 묻히기를 원했다. 그리스 동방교회에서는 부활전야에 자신들의 소원을 이루어 줄 무덤 속에 누워 있는 그리스도가 다시 살아나오기를 간원하는 축제를 했는데,[34] 몸의 부활은 그리스도와 성인들의 부활만이 아니라 모든 기독교인들이 죽은 후 자신의 몸도 성인들과 함께 부활하기를 모두 염원하는 것이다. 종교개혁 당시 가톨릭교회와 개혁교회 사이에 묘지 분쟁이 있었는데 가톨릭 교인들은 죽은 후에 개신교도들과 부활을 같이하기를 원

---

33 슈태판 로흐너(Stefan Lochner, 1400~1451)의 제단화가 완성된 1435년은 후기 고딕과 르네상스 시기가 겹쳐지는 기간이며, 히에로니무스 보스(Hieronymus Bosch 혹은 Jerome Bosch, 1450경~1516)의 「최후의 심판」은 1504년경 작품이고, 미켈란젤로(Michelangelo Buonarroti, 1475~1564)의 「최후의 심판」은 종교개혁과 르네상스 시기의 한복판인 1541년에 완성된 것이다. 보스의 그림은 종교개혁이 발발하기 직전의 중세 끝자락 작품이다.

34 Jane Harrison, *Ancient Art and Ritual*, 오병남, 김현희 옮김, 『고대 예술과 제의』(서울: 예전사, 1996), p. 73.

칼뱅의 무덤이 있는 제네바의 공동묘지

치 않는다는 비신학적인 입장으로 개신교 교인들과 공동묘지에 함께 묻히기를 거부하고 양측은 분리되어야 한다고까지 주장했다. 그러나 개신교회 교인들은 죽은 자에 대한 신학적인 태도나 이유보다는 '함께' 묻힌다는 공동체로서의 강한 '소속 감'으로 이미 그곳에 묻혀 있는 선조들과 함께 묻히기를 주장했다.[35]

18세기 이후 인구의 증가와 함께 교회 경내에 남아 있는 묘지 터가 고갈되자[36] 교회는 교회와 묘역을 분리하기 시작했다. 17~18세기에는 교회측면 예배당(측랑)

---

[35] Jacques Le Goff, 『연옥의 탄생』, pp. 556-558.

[36] 부자들은 시신을 교회 안, 혹은 교회건물 가까운 곳에 안치했으나 가난한 이들과 연고가 없는 행려병자, 범죄자, 자살자들은 교회건물에서 멀리 떨어진 북쪽 외곽에 묻힐 수밖에 없었다. Clive Fewins, *Be a Church Detective*(London: National Society/Church House Publishing, 1994), p. 15.

이 산 자들에게는 예배당으로, 죽은 자들에게는 무덤으로 사용되었는데,[37] 관을 지하묘소에 매장함으로써 예배당 측랑은 가시(可視)적인 무덤이 되었다. 묘지에 대한 교회의 이해[38]는 지옥과 구분되는 것으로서 넓고 닫혀 있으며 빛이 제거된 공간이었다.[39] 이후 공동묘지는 점차 정부기관의 관리와 감독 아래 있게 되자[40] 이로 인해 19세기에 와서 교회들은 장의용 예배당을 설립하기 시작했다.[41] 이것이 죽은 교인들을 위해 교회가 소유하고 관리하는 교회공동묘지 예배당이다. 이것이 교회 내부나 경내에 매장할 수 있는 공간과 부지의 한계 때문에 태동된 것이라고 할지라도, 죽은 자를 교회 경내에 두지 아니하면서도 가까운 거리에 설치함으로써 교회 안에 시신을 두는 것에 대한 신학적인 불편함도 해소하고 죽은 자를 위해 예배와 기도를 드리고 추모를 할 수 있게 된 것이다.

요즘 한국의 가톨릭교회와 개신교회가 자신 소유의 묘 터를 소유하고 있는 경우에 매장할 수 있는 자격을 소속교인들의 시신에 국한하는 것은 집단공동체 이기주의와 같은 모습을 보일 수 있으며 또 이를 매개로 하여 자신의 교회선교(교인 확장)를 하려는 교회의 의도와 함께 이를 통한 교회의 부동산 투기라는 부정적인 의혹도 나타나고 있다. 이것은 교회의 죽은 자들에 관한 신학적인 성찰이나 신앙적

---

37 Jacques Le Goff, 『연옥의 탄생』, p. 941.

38 세기마다 묘지의 형태가 다르게 나타나는데 단순히 비석만 세우거나 성찬 테이블 형태, 침대와 같은 형태가 있다. 이것은 당시 교회의 죽음에 대한 이해의 표현으로서 유행과도 같았다. Clive Fewins, *Be a Church Detective*, pp. 34-35.

39 Jacques Le Goff, 『연옥의 탄생』, p. 609.

40 Jacques Le Goff, 『연옥의 탄생』, p. 895.

41 측랑 장의용 예배당은 19세기에 와서 묘지 내에 영구임대 묘 터의 면적에 적절한 축소형 가족 예배당으로 축조하는 관습이 생겼는데 이것은 오늘날에도 많이 남아 있다. Jacques Le Goff, 『연옥의 탄생』, pp. 941-942.

교 회 건 축 의 이 해 ■
죽은 자의 공간

카타콤 석관

태도와는 무관한 현상이라고 할 수 있다. 현대 교회는 오히려 유럽의 중세교회처럼 무연고자, 극빈자들의 시신을 매장할 묘 터나 납골당도 구비할 수 있어야 한다. 교회가 이들을 돌보는 것은 성서적으로 당연한 사역이며 사회복지 차원에서도 지향되어야 할 선교이다.

5. 교회건물의 공공성

교회건물의 공공성은 무엇보다 지역주민들의 종교시설물 이용에 관한 신학적 이해라고 할 수 있다. 박해시기 이후 지상에 건립된 최초의 교회건축의 양식은 바실리카 양식의 로마의 세속 건축물이었다. 당시 바실리카 건물은 시민들의 집회장소 겸 재판정으로 사용하는 공공성이 가장 두드러지는 공회당이었다. 교회는

REMEMBER THE BRITISH SERVICEMEN
WHO DIED IN THE FIRST WAR FOUGHT IN THE NAME OF
THE UNITED NATIONS
THANK GOD FOR THEIR COURAGE AND ENDURANCE
AND PRAY FOR PEACE AND RECONCILIATION
AMONG THE PEOPLES AND NATIONS OF THE WORLD
KOREA 1950-1953
Not one of them is forgotten before God.

성공회 서울대성당, 영국전몰기념비

이것을 차용하여 기독교 교리에 적절하게 공간을 분절하고 지성소를 구축해서 사용한 것이다. 유럽의 중세 교회당은 오늘날의 미술관, 음악당, 극장과 같은 기능을 했던 복합적인 문화행위가 거행되던 공공기관이었다.[42]

초대교회부터 교회의 기능은 말씀을 선포하고 예배만 드리기 위한 처소가 아니라 지역사회를 포함해 세상을 섬기는 기능도 함께 하는 것이다. 따라서 교회를 건축할 때는 소속된 공동체만을 위한 것이 아니라는 것을 유념하며 세워야 한다. 택지를 하거나 건축재료, 교회에서 유출되는 오수에 이르기까지 친환경적인 부분은 물론 건축양식까지 주변과의 조화를 유념해야 한다. 이러한 제반 사항들을 세속

---

[42] 이정구, 「종교시설 이용에 관한 신학적 접근」, 한국기독교교회협의회 교회와 사회위원회, 『지역사회 주민을 위한 종교시설에 관한 심포지엄자료집』(서울: 2005), pp. 7-8, 중세교회는 제단화를 비롯하여 미사의 드라마적 요소와 그레고리안 찬트, 성 주간의 전례행위, 축제가 거행되는 복합기능 공간이었다.

건축물보다 더욱 유념하지 않으면 그것은 하나님께서 창조하신 세상을 일그러지게 하는 데 교회가 한몫을 더 하는 것이며 모범이 되어야 할 종교기관이 세상으로부터 받는 비난을 면할 수 없는 것이다.[43] 교회건축에서 이러한 사항들은 기본수칙이며 세상을 섬기는 열린 교회로서의 기능을 하려면 설계부터 지역주민을 위한 배려를 해야만 한다. 이것은 지역사회를 위해서뿐만 아니라 교회의 공간 활용도를 높이기 위해서라도 '유용성과 다목적성' 그리고 지역사회와 주민들을 향한 '개방성과 친밀성'을 고려하는 것이다.[44]

최근 다수의 교회들이 교회공간을 노숙자 쉼터, 지역문화센터로 개방하거나 그러한 시설을 유치하기 위해 설계를 하기도 한다.[45] 비단 이러한 기능의 시설물뿐만 아니라 교회가 사망하는 지역주민을 위한 '죽은 자를 위한 공간'까지 배려한다면 이것은 장기적으로 지역의 가족단위 선교의 가장 튼튼한 초석이 될 수 있으며 나아가 가난한 독거사망자나 무연고자까지 수용하면 교회는 세례에서 무덤까지 그리고 죽은 자의 영혼까지, 인간의 생애를 목회할 수 있는 것이다.[46] 대다수의 교회가 지역주민을 위해 문화센터는 운영해도 납골당을 운영하려고 하지는 않는다. 최근 지역 이기주의로 인해 자신들의 거주 지역에 혐오시설(쓰레기 소각장, 화장시설이

---

[43] 이정구, 『한국교회건축과 기독교미술 탐사』(서울: 동연, 2009)를 참조할 것.

[44] 정시춘, 「건축학적 입장에서 본 종교시설의 이용」, 한국기독교교회협의회 교회와 사회위원회, 『지역사회 주민을 위한 종교시설에 관한 심포지엄 자료집』(서울: 2005), pp. 11-13. 예를 들면 예배공간에 장의자보다는 이동이 쉬운 독립의자를 비치하거나 교회의 담장을 허물어 경내를 개방하여 지역주민들의 접근성을 높이는 것이다. 건물이 아름답고 호기심 어린 건물이라면 더 말할 나위가 없을 것이다.

[45] 대다수의 교회들이 설계를 할 때 공공성보다는 교인들을 위한 식당이나 주차장 확보를 먼저 배려한다.

[46] 외국인 이주노동자들이 많이 거주하고 있는 경기도 마석에 소재한 대한성공회 남양주교회는 2008년도에 예배공간 지성소(제단) 뒤편에 납골당을 설치하고 누구나 화장한 유골을 안치할 수 있도록 개방하고 있다.

파리 생 드니성당

있는 공원묘지, 교도소, 종교건물 등)이 건립되는 것에 대해 주민들의 거센 항의가
늘어나고 있다. 주거지역에서 신축되는 종교건물도 혐오시설로 인식되는 현실 속
에서 교회공동체가 합의하여 교회 경내에 작은 규모의 납골당이나 수목장을 마련
한다면 교회의 개방성과 공공성 기능은 물론 주민들의 교회에 대한 긍정적인 인식
과 더불어 지역주민과 함께할 수 있는 종교시설물이 될 수 있다. 이를 위해 교회 공
동체 구성원들의 정서적 합의를 어떻게 모을 것인가의 문제는 남아 있다. 최근 공
공신학 연구가 더욱 활기를 띠고 있다.[47] 교회가 신학적인 이론을 좇아 구축하기보

---

[47] 공공신학에 관한 논문으로서 손규태, 『하나님 나라와 공공성』(서울: 대한기독교서회, 2010)과 오동균, 「리차드 후커의 신

다는 공공신학을 이끌어 가기 위해 경주해야 한다.

끝말

6.

교회건물은 초대교회 사람들이 모여 하나님께 예배를 드리기에 가장 적합한 구조로 바실리카 양식에서부터 현대 양식에 이르기까지 발전해 왔다. 특히 고딕 양식과 그 색 유리창은 가톨릭, 개신교를 포함하여 오랜 기간 교회건물의 상징처럼 인식되었으며 성탄 카드에 자주 사용되는 아름다운 정경이기도 했다. 그러나 교회의 공간은 기능에 따라 성스럽고 아름다운 공간만이 존재하는 곳은 아니다.

가톨릭교회는 일정한 여건이 구비되면 교회건물의 한 부분에 납골당을 설치하는 것에 비해 개신교회는 교회건물 안에 납골당과 같은 공간은 마련하지 않는다. 이것은 초기 중세 가톨릭신학의 전통을 계승하고 있는 전례적인 교회와 개신교회의 '죽은 자'를 대하는 신학적 차이에서 기인한 것이라고 할 수 있다. 개신교회가 죽은 후 '몸의 부활'이라는 문자적인 신앙에 의해 시신을 화장하지 않기 때문에 교회건물과 그 경내에 납골당을 설치하지 않았다. 그리고 초기 한국 기독교가 전래한 때부터 기독교 신학과 문화는 유교문화와 충돌하면서 박해를 받았고 특히 조상에 대한 제사와 장례문화가 가장 큰 박해의 원인이 되기도 했다. 이 영향으로 인해 서

학사상에서 교회의 공공성문제」(성공회대학교 박사학위논문, 2007)를 참고할 것.

양처럼 시신을 화장한다거나 교회 안에 묘지를 마련한다는 것은 당시 교인들의 정서로 수용하기 어려운 것이었음은 분명하다. 개신교회의 장례문화가 변화하기 시작한 것은 박정희 통치시절에 장례의 간소화를 지향하려 한 정부의 '가정의례준칙'이라는 강력한 정책의 영향도 있었겠지만, 목회자들과 교인들의 교육수준과 사회의식이 향상되고 몸의 부활에 관한 새로운 신학적 해석과 이에 따른 신앙을 수용하기 시작하면서부터라고 할 수 있다.

그 후 신자들의 장기 기증이 늘어가고 있는 추세이며 장례문화도 시신을 화장하여 공원묘지에 안장하는 것이 보편화되어 가고 있다. 그러나 대다수의 독실한 신자들은 죽은 후에도 교회 가까이 머물고 싶어 하는 욕망이 있다. 이제는 교회가 교회 경내와 건물 안에 죽은 자를 위한 공간을 마련할 수 있는 대안을 스스로 찾아야 한다. 중·대형교회들은 교회건축을 할 때 부속공간으로서 식당과 주차장은 물론 어린이놀이터, 심지어 체육관까지 마련하지만 여전히 죽은 자를 위한 공간은 없다. 교회 밖 다른 지역에 교회 묘지를 소유하고 있는 경우가 있지만 이것도 현대 사회에서는 장례문화의 적절한 방법이라고 할 수 없다. 정부도 한국의 좁은 국토에서 묘지 마련으로 인한 다양한 문제가 발생하자 수목장을 비롯한 다양한 '친환경 장례문화'를 장려하고 있다. 정부도 종교시설물 안에 이러한 시설물을 설치하는 데 인허가의 기준을 완화할 필요가 있으며 그것을 유치하는 종교기관에 재정적 지원을 아끼지 말아야 한다. 교회 시설물의 사회적 공공성을 고려할 때 교회가 지역주민을 위한 '죽은 자를 위한 공간'을 마련한다면 이것은 장기적으로 지역의 가족단위 선교의 가장 튼튼한 초석이 될 수 있다.

나아가 가난한 독거사망자나 무연고자의 유골까지 수용하면 교회는 세례에서부터 무덤 이후 죽은 자의 영혼까지, 인간의 온 생애를 목회하는 것이다. 개신교회 안에 납골당을 설치하는 과제는 신학적인 문제이기 이전에 한 걸음씩 풀어 가야 할 교회건물의 공공성에 대한 교회공동체의 인식문제라고 할 수 있다. 혐오시설이라는 선입관으로 인한 지역주민들의 동의를 이끌어 내는 일이 가장 걸림돌이겠지만 지역사회에서 교회공동체가 마음을 모으면 해결해 갈 수 있을 것이다. 죽은 자를 위한 공간은 침묵의 공간으로서 혼잡한 삶을 살아가는 현대인에게 영적인 쉼터가 될 수 있을 것이다.

참고문헌

김경재, 『문화신학담론』, 서울: 대한기독교서회, 1997.

김정신, 『유럽현대교회건축』, 서울: 가톨릭출판사, 2004.

대한성공회, 『성공회기도서 감사성찬례』, 서울: 대한성공회출판부, 2004.

손규태, 『하나님 나라와 공공성』, 서울: 대한기독교서회, 2010.

신준형, 『천상의 미술과 지상의 투쟁』, 서울: (주)사회평론, 2007.

이정구, 『한국교회건축과 기독교미술 탐사』, 서울: 동연. 2009.

한국문화신학회, 『죽음 삶의 현장에서 이해하기: 그리스도교의 죽음관』, 제7집, 서울: 한들출판사, 2005.

Brown Peter, *The Cult of the Saints: Its Rise and Function in Latin Christianity*, Chicago: The University of Chicago Press, 1981.

Christensen Carl C., *Art and the Reformation in Germany*, Athens: Ohio University Press, 1979.

Fewins Clive, *Be a Church Detective*, London: National Society/Church House Publishing, 1994.

Green Bernard, *Christianity in Ancient Rome: The First Three Centuries*, New York: T&T Clark International, 2010.

Luther's Works, St. Louis 1955. Philadelphia, 1957.

Macmullen Ramsay, *The Second Church Popular Christianity AD 200~400*, Leiden: Brill, 2009.

ā Kempis Thomas, *De Imitatione Christi*(1418), 박동순 옮김, 『그리스도를 본받아』, 서울: 두란노, 2010.

Aries Philippe, *L'homme la mort*, 고선일 옮김, 『죽음 앞의 인간』, 서울: 새물결, 2004.

Cullmann Oscar, *Early Christian Worship*, 이선희 옮김, 『원시기독교 예배』, 서울: 대한기독교서회, 1984.

Harrison Jane, *Ancient Art and Ritual*, 오병남 · 김현희 옮김, 『고대 예술과 제의』, 서울: 예전사, 1996.

Weil Louis, *A Theology of Worship*, 김진섭 옮김, 『전례신학』, 서울: 대한성공회 선교교육원, 2006.

대한성공회, 『도리문답』, 서울: 대한성공회 출판부, 1979.

이정구, 「종교시설 이용에 관한 신학적 접근」, 한국기독교교회협의회 교회와 사회위원회, 『지역사회주민을 위한 종교시설에 관한 심포지엄 자료집』, 서울: 2005.

정시춘, 「건축학적 입장에서 본 종교시설의 이용」, 한국기독교교회협의회 교회와 사회위원회, 『지역사회 주민을 위한 종교시설에 관한 심포지엄 자료집』, 서울: 2005.

오동균, 「리차드 후커의 신학사상에서 교회의 공공성문제」, 성공회대학교 박사학위논문, 2007.

George La Piana, "The Tombs of Peter and Paul Ad Catacumbas", *The Harvard Theological Review*, Vol. 14, No. 1(Jan. 1921); http://en.wikipedia.org/wiki/Refrigerium. (2011. 2. 12).

논문출처

1. 예배공간

『한국기독교신학 논총』, 제73집(2011. 1), 한국기독교학회, pp. 367-384.

2. 문

『종교교육학연구』제34권(2010. 12), 한국종교교육학회, pp. 129-142.

인천가톨릭대학교 조형예술대학 그리스도교미술연구소(2011. 7), pp. 67-85.

3. 통로

「교회통로에 관한 신학적 의미」, 『신학논단』, 제63권(2011. 3), 연세대학교 신과대학, pp. 199-216.

4. 벽과 창

「예배공간에서 빛과 색에 관한 신학적 의미」, 『신학과 실천』, 제26호 1권(2011. 봄), 한국실천신학회, pp. 83-103.

5. 지붕

「교회건축 상부에 관한 신학적 의미: 천장과 지붕」, 『신학논단』, 제66권(2011. 12), 연세대학교 신과대학, pp. 87-108.

6. 공간위계

「현대 한국고층교회의 공간위계풍경 비판」, 『신학사상』, 제155집(2011. 겨울), 한국신학연구소, pp. 237-260.

7. 죽은 자의 공간

「교회건축에서 죽은 자의 공간」, 『장신논단』, 제40집(2011. 4), 장로회신학대학교, pp. 167-185.

이정구

성공회 사제
한신대학교 대학원 Th.M.
성공회대학교 신학대학원 성직과정(M.Div) 수료
The University of Birmingham에서 『Architectural Anglicanism』으로 Ph.D.
성공회대학교 신학전문대학원 교수

『사회와 시각문화』(2005)
『터키사진 초대 개인전』(2007)
『한국교회건축과 기독교미술탐사』(2009)
『교회그림자 읽기』(2011)
『Architectural Theology in Korea』(2011)
『성상과 우상』(2012)

교회건축의 이해

초판인쇄 2012년 6월 1일
초판발행 2012년 6월 1일

지은이 이정구
펴낸이 채종준
펴낸곳 한국학술정보(주)
주소 경기도 파주시 문발동 파주출판문화정보산업단지 513-5
전화 031-908-3181(대표)
팩스 031-908-3189
홈페이지 http://ebook.kstudy.com
E-mail 출판사업부 publish@kstudy.com
등록 제일산-115호(2000. 6. 19)

ISBN 978-89-268-3353-7 93230 (Paper Book)
       978-89-268-3354-4 98230 (e-Book)